www.tredition.de

AF189947

Bettina Stracke

Inspiration

Eine spirituelle Reise zur Glückseligkeit

www.tredition.de

© 2017 Bettina Stracke

Verlag: tredition GmbH, Hamburg

ISBN
Paperback: 978-3-7439-4396-4
Hardcover: 978-3-7439-4397-1
e-Book: 978-3-7439-4398-8

Printed in Germany

Inhaltsverzeichnis

1. Neue Perspektiven

Endlich Wochenende! Nachdem ich den Freitagabend auf meiner Couch vor dem Fernseher und den Samstag mit einem spannenden Roman verbracht hatte, stand ich nun im Badezimmer und bereitete mich auf die Geburtstagsparty von Lars vor. Nach einer ausgiebigen Dusche schminkte ich mich und schlüpfte ins kurze Schwarze.

Um zwanzig Uhr stand ich nun vor Lars Wohnung und klingelte. Als er die Tür öffnete, begrüßte er mich überschwänglich. Nachdem ich ihm herzlich zu seinem Geburtstag gratuliert und ihm sein Geschenk überreicht hatte, schob er mich in seine Wohnung und stellte mich allen möglichen Freunden von ihm vor. Die Party war schon in vollem Gange. Typisch für mich, dass ich zu privaten Terminen immer später kam als alle anderen. Irgendwann, nachdem wir an dem herrlichen Buffet im Wohnzimmer vorbei kamen, begrüßte er eine große blonde Frau und stellte uns beide mit den Worten vor: „Das ist Michaela, eine langjährige Freundin von mir. Und das ist Bettina – wir kennen uns schon seit unserer gemeinsamen Studienzeit in Bonn. Ihr zwei müsst euch unbedingt kennen lernen. Ela plant eine Reise nach Indien und Du, Bettina, wolltest doch auch mal wieder nach Indien. Vielleicht unternehmt ihr diese Reise einfach gemeinsam!" Dann verschwand er zu seinen anderen Gästen und Ela und ich schauten uns verdutzt an.

Verschmitzt sagte ich: „Also Ela, wenn Lars meint, wir müssten zusammen nach Indien reisen, dann haben wir heute Abend wohl ein gemeinsames Thema. Was planst Du denn für eine Reise? Strandurlaub oder eine Rundreise oder beides kombiniert? Ich bin neugierig, davon zu hören." Ela entgegnete: „Das ist nicht so einfach zu erklären. Vielleicht suchen wir uns ein ruhigeres Plätzchen in der Küche." Mit zwei Gläsern Wein und den Leckereien vom Buffet versorgt, setzten wir uns an den Holztisch in der kleinen, gemütlichen Küche von Lars und sie erzählte mir, dass sie im Dezember zu Sai Baba, einem indischen spirituellen Lehrer und Heiligen in dessen Ashram nach Puttaparthi fahren wolle und sie schloss mit dem Satz: „Ich bin gespannt, wie es in einem indischen Kloster sein wird."
Lachend entgegnete ich: „Ach mit dem Klosterleben bin ich sehr vertraut, denn meine Zeit auf dem Gymnasium habe ich in einem Mädcheninternat mit katholischen Nonnen verbracht. Wie es in einem indischen Kloster ist, weiß ich auch nicht, aber ich würde es gerne kennen lernen. Schon als ich ein Kind war, träumte ich von Indien. Ich bin nach meinem Studium dorthin gereist. Ich liebe dieses Land mit seinen herzlichen Menschen, de-

ren Kultur, Musik und Tanz."

„Na, das hört sich doch gut an. Und wenn ich ehrlich bin, wäre ich lieber zu zweit unterwegs. Aber bislang hat sich noch niemand für diese Reise interessiert."

Und so erzählte mir Ela von Sai Baba und seinem Ashram, und ich hörte ihr gebannt zu und träumte dabei von Indien. Zwar saß ich körperlich mit ihr in Lars Küche, aber mit meiner Seele war ich schon weit weg. Indien, das Land der Spiritualität, der Gurus und Ashrams war vielleicht die Gelegenheit, Antworten auf meine Fragen zu finden, worin der Sinn des Lebens bestand. Ich empfand das Zusammentreffen mit Ela als eine glückliche, schicksalhafte Fügung.

Als wir uns an diesem Abend voneinander verabschiedeten, hatten wir unsere Adressen ausgetauscht und waren schon für das nächste Wochenende verabredet, um unsere gemeinsame Reise zu planen. Und so trafen wir uns und telefonierten in den nächsten Wochen und hatten bald alle Reisevorbereitungen wie ein schon seit Jahren eingespieltes Team abgeschlossen.

Unsere Vorfreude wuchs von Woche zu Woche, da unser gemeinsames Abenteuer immer konkreter und greifbarer wurde.

2. Begegnungen

Wir landeten in Goa. Ein Paradies für Aussteiger- jedenfalls in den siebziger Jahren. Das passte doch. Denn Ela und ich wollten auch aussteigen, um in das Ashramleben in Puttaparthi einzusteigen.

Und so war Goa genau der richtige Auftakt für unsere Reise.

Das Flugzeug donnerte auf das Rollfeld.
Als wir ausstiegen, hatten wir den feuchten und eigentümlichen Geruch von Indien in der Nase, den tropischen heißen Wind in den Haaren und die bitzelnde Sonne schien uns ins Gesicht. Eine ganze Bandbreite von Sinneseindrücken empfing uns.

In der für uns noch ungewohnten Hitze holten wir unser Gepäck und ließen die lange, bürokratische Einreiseprozedur über uns ergehen. Wir organisierten uns ein Taxi und fuhren in Elas Stammhotel nach Colva. Es befand sich abseits des touristischen Rummels direkt am Strand und hatte einen herrlichen tropischen Garten. Die rührige Chefin, eine Goanesin im dunklen Hosenanzug, empfing uns freundlich an der Rezeption und bereitete routiniert unsere Zimmeranmeldung vor. Dann zeigte sie uns das nette und gemütliche Restaurant und beschrieb uns den Weg zu unserem Zimmer. Müde und verschwitzt trugen wir unser Gepäck dorthin.

Als ich unsere Zimmertür öffnete und eintrat, warf ich schwungvoll vor Erleichterung, unsere erste Reiseetappe geschafft zu haben, meinen Rucksack in die dunkle Ecke des Kofferständers. Eine Wolke von Moskitos flog aufgeschreckt aus ihrem ruhigen Versteck und schaltete auf Vampirmodus um. Ela und ich schauten uns vielsagend an und es war klar, dass wir ohne das mitgebrachte Moskitonetz keine ruhige Minute in der Nacht haben würden. Die beiden Baumwollschlafsäcke brauchten wir allerdings nach Durchsicht der Matratzen und des Bettzeugs nicht auszupacken. Alles war sauber und frei von Ungeziefer. Wir duschten, cremten uns gegen die Moskitos ein und zogen leichte, langärmlige Blusen mit langen Hosen an, um beim Abendessen nicht als Sundowner für die kleinen Vampire zu enden.

Wir erfreuten uns im Gartenrestaurant an unserem ersten gemeinsamen, raffiniert gewürzten, indischen Essen und tranken erfrischendes, kühles Bier dazu.

Mit der Zeit wich unsere aufgekratzte Freude immer mehr einer stillen Müdigkeit und so beschlossen wir kurzerhand: Die Damen ziehen sich in ihre Gemächer zurück und schlafen erst mal richtig aus.

Am nächsten Morgen frühstückten wir ausgiebig im Garten und genossen danach die frische Brise des Meeres bei einem ausgedehnten Strandspaziergang. Der feine Sand knirschte unter meinen Füssen und dann und wann erfrischte ich mich im warmen Meer. Ela und ich waren völlig entspannt und gelöst. Unsere Leben in Deutschland waren für uns schon weit entfernt und fühlten sich irgendwie unwirklich an.

Gegen Mittag beschlossen wir, die Stadt Colva zu erkunden und so machten wir uns zu Fuß auf den Weg dorthin. Bald schon wurde ich von einem jungen Kashmiri ins Visier genommen, der lässig an der Hauswand eines Kleiderladens angelehnt stand.
Seine Augen glänzten wie zwei Monde in seinem fein geschnittenen Gesicht.
Als wir näher kamen zeichnete sich ein warmes Lächeln ab.
Er war bildschön mit seinen schwarzseidenen Haaren und seinen weißen Zähnen, die wie Perlen in der Sonne glänzten.
Seine grauen, leuchtenden Augen, die wie eine eigene Landschaft waren, zogen mich wie Magnete an.

Sie strahlten eine Verletzlichkeit und Zerbrechlichkeit aus, die mich in ihren Bann zogen und so grüßte ich ihn mit einem scheuen "Hello!" und ging mit Ela auf ihn zu. Er erwiderte freundlich: "Hello! Please come in and visit my shop."

Und schon standen wir in seinem Laden und schauten uns seine Waren an, als er mich schon in ein Gespräch verwickelte und sich keck vorstellte: "My name is Rasheed. I come from Kashmir and this is my shop. What is your name?"

Also stellte auch ich mich und Ela vor und so entstand nach und nach eine angeregte Unterhaltung mit Rasheed, der sich unbedingt mit mir abends verabreden wollte.

Doch mit ihm allein wollte ich mich nicht treffen. Kurzerhand machte er den vertrauensbildenden Vorschlag, dass er seinen Freund Sunil mitbringen würde und Ela und ich mit ihnen zusammen an der Strandbar, die nicht weit von unserem Hotel entfernt war, etwas trinken könnten.

Als ich Ela erleichtert den Vorschlag machte, heute Abend zu viert in der Strandbar zu sitzen, war sie nur mäßig begeistert. Nach langem hin und her willigte sie dann schicksalsergeben ein und so hatten wir eine Verabredung für sieben Uhr abends.

Schon von weitem sahen wir den schönen Rasheed mit seinem Freund Sunil uns erwartungsvoll entgegensehen. Als wir an ihrem Tisch ankamen bemerkte ich, dass Rasheed den Korbstuhl dicht neben seinem für mich frei gehalten hatte. Er begrüßte mich zunächst etwas verlegen und stellte Ela und mir seinen Freund Sunil vor, der zugleich anfing Ela anzugraben. Wir bestellten uns Bier und nachdem wir alle auf unser Wohl und einen schönen Abend angestoßen hatten, wurde Rasheed immer zutraulicher und schaute mir mit seinen schönen grauen Mondaugen tief in meine blauen Augen.

Er sprach eindringlich auf mich ein und erklärte mir theatralisch, dass ich die Liebe seines Lebens sei. Wenn ich seine Liebe nicht erwidern und ihn nicht heiraten würde, wolle er sich beide Hände abhacken.

Mir wurde mulmig.

Für mich war es nun eindeutig zu viel Drama. So hatte ich mir das nicht vorgestellt!

Ela hingegen langweilte sich immer mehr mit Sunil, der sich plump und erfolglos um sie bemühte. Da sie ihm schon gar nicht mehr zuhörte, sondern dem eindringlichen Werben von Rasheed lauschte, schaute sie mich irritiert an.

Mit meinem Blick machte ich ihr deutlich, dass mir die ganze Situation sichtlich unangenehm war und so versuchten wir mit belanglosen Themen über das schöne Wetter und das tolle Meer, die heißblütigen Gemüter der Herren wieder abzukühlen. Leider ohne Erfolg. Und so brachten wir das Thema auf den Grund unserer Reise. Wir betonten nachhaltig, dass wir auf dem Weg zum Ashram von Sai Baba seien, um dort spirituelle Erfahrungen zu machen. Das war ein Volltreffer und die Gemüter der beiden Herren waren nun merklich abgekühlt. Es schien, als hätten sie eine kalte Dusche verabreicht bekommen. Ela und ich nutzten unsere Chance und riefen den Kellner, um unsere Getränke zu zahlen.

Danach verabschiedeten wir uns kurz und distanziert von den beiden Herren, die uns wie zwei begossene Pudel anschauten.

Ela und ich hingegen gingen, befreit von der Last der Verehrer, allein und glücklich in unser Hotel zurück und fielen erleichtert in unsere Kojen.

Am nächsten Morgen schmiedeten wir schon am Kaffeetisch Pläne für den neuen Tag. Wir waren uns schnell einig, heute den Nachbarort Mapusa zu erkunden.

Als wir gerade fröhlich und unbeschwert über die

Schwelle unseres Hotels traten, sahen wir am nur wenige Meter entfernten Eingangstor unsere brüskierten Begleiter vom Vorabend wie aufdringliche Schatten stehen.

Sie fixierten den Hoteleingang und sahen uns eindringlich an, als wir hinaus traten. Damit hatten wir nicht gerechnet und wie vom Donner gerührt wechselten Ela und ich vielsagende Blicke. Hatten sie es denn immer noch nicht verstanden? Wieso standen sie jetzt nach der gestrigen Abfuhr wieder wie Stehaufmännchen am Hotel?

Ohne Worte zu verlieren war uns beiden klar, dass wir auf die Gesellschaft des Duos verzichten wollten.

Kurzerhand winkte ich nach indischer Manier den in der Hoteleinfahrt in Schlange stehenden Tuk-Tuk Fahrern zu, indem ich die Hand mehrfach nach unten zeigte. Ich vermied dabei, wie es auch die Inder tun, meine Handinnenfläche zu präsentieren, da dies als unhöflich gilt. Der erste Fahrer aus der Schlange startete blitzschnell seine knatternde Motorradriksha und hielt direkt vor uns am Hoteleingang.

Flink krabbelten wir in das für europäische Körpergrößen nicht gerade ausgelegte Gefährt auf die schmale

Rückbank hinter den Fahrer und ab ging die Post nach Mapusa.

Spätestens jetzt war allen Beteiligten klar, es würde kein weiteres Rendezvous mehr geben. Die Gesichter der Verehrer verdüsterten sich, als wir sie passierten. Nachdem wir aus ihren Blicken verschwunden waren, atmeten wir erleichtert auf.

Schon nach kurzer Zeit erreichten wir Mapusa. Auf dem Straßenmarkt des hübschen Städtchens verkaufte jeder, was er gerade anzubieten hatte. Das Warensortiment zog sich von exotischem Obst, Gemüse und Gewürzen über Kleidung sowie Kurz- und Haushaltswaren bis hin zu Lotterielosen, Gebissen und Brillen. Beeindruckt von der Menschenmenge und dem geschäftigen Treiben schlenderten wir gemütlich durch die engen Gässchen.

Plötzlich stand ein zierliches, etwa achtjähriges Mädchen in einem bunten Kleid mit einem kleinen Jungen an der Hand barfüßig vor uns.
Beide waren von Kopf bis Fuß mit Straßenstaub eingepudert. Sie sahen uns eindringlich mit ihren schwarzbraunen, riesigen Haselnussaugen an.

Wir kamen sprichwörtlich nicht an ihnen vorbei. Wir gingen aufeinander zu und schon verwickelte mich dieses kleine Mädchen mit dem Geschäftssinn einer ausgebufften Alten in ein Gespräch und stellte in einem gebrochenen Englisch allerlei Fragen: "Woher kommt ihr? Was macht ihr hier? Wo sind eure Ehemänner? Habt ihr Kinder?"

Artig beantworteten wir ihre Fragen. Sie ließ keine Zweifel aufkommen, dass sie das Gespräch jederzeit bestimmte und das Heft in der Hand hielt. Sie trug mehrere bunte Ketten um den Hals und ihre Ärmchen waren mit silber- und bronzefarbenen Armreifen geschmückt. In der Hand hielt sie ein rotes, besticktes Beutelchen. Sie öffnete es und zog ein Paar goldfarbene Kreolen heraus.

Das fein ziselierte Metall und die von den Kreolen herabbaumelnden Kügelchen glitzerten im Sonnenlicht um die Wette. Sie erzählte mir, dass ihre Mutter den Schmuck herstellen und sie diesen zusammen mit ihrem kleinen Bruder verkaufen würde. Sie sagte, diese Kreolen würden genau zu mir passen. Ja, dass ich ohne die Kreolen nur ein halber Mensch sei und ich genau diese für mein Leben brauchen würde. Umgerechnet fünf Mark sollten diese zierlichen Kreolen kosten.

Das Mädchen und die Kreolen in ihren kleinen Händen ließen mich nicht mehr los. Ihre Kinderaugen hatten etwas Wissendes und Absolutes und ihr kleiner Bruder war sicher gut bei ihr aufgehoben.

Sie gab mir die Ohrringe in die Hand und drängte mich, diese doch anzuprobieren. Sie hielt mir einen abgenutzten kleinen Spiegel vor mein Gesicht und verzückt schaute ich hinein.

Das kleine Mädchen hatte recht. Diese Kreolen mussten es sein und ich schlug voller Überzeugung und Glück in den Handel ein.

Als ich ihr das Geld für die Ohrringe überreichte, verschwand es blitzschnell in dem Ausschnitt ihres Kleides. Nun zeigte sie mir noch ihre übrigen Schmuckstücke und es dauerte eine ganze Weile, bis ich alles gesehen hatte. Aber etwas so schönes wie diese Ohrringe entdeckte ich nicht mehr und so wollte ich mich schon verabschieden. Geschickt streifte sie eine ihrer bunten Ketten über ihren Kopf. Es waren türkis-, honigfarbene und dunkelrote Steinperlen. Sie überreichte mir die Kette und sagte: "Das ist mein Geschenk für dich."

Ich war vollends gerührt. Gerne wollte ich ihr die Kette bezahlen, denn schon meldete sich mein schlechtes Gewissen, dass ich nun von diesen zwei Kindern, die wohl selbst jeden Tag um ihr Leben kämpften, noch etwas geschenkt bekommen sollte. Doch ein Nein wurde von ihr nicht akzeptiert. Sie gab mir die Kette mit einem blitzenden Lächeln, welches ich von Herzen erwiderte. Ich bedankte mich vielmals bei ihr für die Ohrringe und das schöne Geschenk.

In diesem Moment fühlte ich mich wie ein kleines, beschenktes Mädchen.

Sie überreichte mir noch das bunt bestickte Beutelchen zur Aufbewahrung der Kreolen. Wir verabschiedeten uns herzlich. Über einen langen Weg hinweg drehte ich mich immer wieder um und winkte den beiden gerührt zu. Dann verschwanden sie in der pulsierenden Menschenmenge des Marktes.

Ich zog die Ohrringe weder an diesem Tag noch in den kommenden Monaten aus.

Diese Kreolen begleiten mich schon sehr lange. Und auch heute, wenn ich die Ohrringe anziehe, denke ich immer voller Sehnsucht an dieses kleine Mädchen, welches mich zutiefst beeindruckt hatte. Sie schlug sich mit ihrem Brüderchen durchs Leben und wird wohl, wie so viele Kinder aus armen Familien, deren Eltern ihnen noch nicht mal den Besuch der staatlichen Schulen ermöglichen können, weder schreiben noch lesen gelernt haben und zum Lebensunterhalt mit beitragen. Wäre sie in einer der oberen, reicheren Kasten hineingeboren worden, hätte sie vielleicht eine Privatschule besucht, um dann an einer renommierten Universität im Ausland zu studieren.

Nach dieser berührenden Begegnung beschlossen Ela und ich, einen Kaffee am Rande des Marktes zu trinken. Danach deckten wir uns noch mit Wasserflaschen ein. Vor dem Kauf untersuchten wir jede Flasche akribisch darauf, ob die Verschlüsse mit dem Flaschenring noch fest verbunden waren und Plastiksiegel trugen. Wir wollten auf jeden Fall vermeiden, dass wir mit verunreinigtem Wasser aufgefüllte Flaschen als Mineralwasser erwarben und uns so üble Durchfälle und Krankheiten einhandeln würden.

Mit unseren geprüften und versiegelten Wasservorräten in unseren Rucksäcken streiften wir nun durch die unzähligen Läden. Besonders von den in allen erdenklichen Farben schillernden Seidenstoffen und den prachtvollen Stickereien der Saris in den Schaufenstern wurden wir magisch angezogen.
Und so betraten wir schon bald voller Entzücken über diese orientalische Herrlichkeit einen Stoffladen. Hier

wurde ein unerschöpfliches Sortiment von Saris angeboten. Einfache Baumwollsaris ebenso wie solche aus Seide und Brokat, die verschwenderisch mit Perlen, Glassteinchen, Pailletten, Gold- oder Silberfäden bestickt waren.

Ich fühlte mich wie im Paradies und liebte die Saris, welche der weiblichen Figur sehr schmeicheln und die Rundungen der Hüften und Brüste auf eine sehr elegante Weise betonen und in Szene setzen. Ela und ich konnten uns gar nicht an den herrlichen Farben und Stoffen satt sehen und strichen mit Verzückung über die verschiedenen Materialien.

Voller Eifer zeigten wir uns unsere aufgestöberten Entdeckungen. Sogleich kamen wir mit dem Chef des Ladens ins Gespräch, dem wir erzählten, dass wir für unseren Aufenthalt im Ashram indische Kleidung benötigten.

Ela hatte von einer Freundin gehört, die ein Jahr zuvor bei Sai Baba gewesen war, dass sich die Anhänger Sai Babas indische Kleidung im Ashram tragen würden. Und so mussten wir vor Ort unseren Kleiderfundus entsprechend aufstocken, um für unsere drei Wochen im Ashram entsprechend gekleidet zu sein.

Nach vielen von uns entzückten Ah- und Oh-Ausrufen entschieden wir uns, mit dem fachmännischen Rat des

Chefs ausgestattet, für zwei Saristoffe. Ela wählte einen aus bordeauxroter, schwerer Seide, der reich mit Goldfäden bestickt war und ich entschied mich für einen in orange und pink changierenden Seidenstoff. Dazu kauften wir noch die notwendigen, knöchellangen Unterröcke, die für den Sitz und Halt des Stoffes an den Hüften sorgten sowie ein paar Sari-Nadeln, die wie übergroße goldfarbene Büroklammern von ungefähr sechs Zentimetern aussahen. Nur damit ist gewährleistet, dass der sechs Meter lange Stoff, den man sich kunstvoll um den Leib drapiert auch wirklich da bleibt, wo er hingehört. Schließlich wollten wir nicht urplötzlich ausgewickelt in einem Stoffberg stehen.

Da die beiden von uns bezahlten Stoffe nun noch zu einem Sari geschneidert werden mussten, fragten wir den Chef kurzer Hand nach einer Empfehlung für eine gute Schneiderin. Und so bekamen wir von ihm die Adresse einer Schneiderin namens Sophia aufgeschrieben.

Als wir mit unseren eingepackten Stoffen wieder auf der Straße standen winkten wir uns ein Tuk-Tuk heran, welches uns zu dieser nicht weit entfernt wohnenden Schneiderin brachte.

Nach wenigen Minuten hielt der Tuk-Tuk Fahrer an einem schönen mit Blumen dekorierten Holzhaus am Ortsrand von Mapusa an.

Mir ging das Herz auf, denn das Haus sah einfach zu schön und heimelig aus. Es war von einer großen Veranda umgeben, auf der sich Korbstühle mit bunten Kissen befanden.
Nachdem wir den Türklopfer bedient hatten, öffnete eine nur so voll Lebensfreude sprühende Inderin die Tür und begrüßte uns mit ihrem ansteckenden Lachen. Wir erklärten ihr unser Anliegen und schon bat sie uns in ihr Haus. Schnell wurden wir von ihren neugierigen Kindern umringt.

Wir zeigten ihr stolz unsere gerade erstandenen Stoffe und erzählten ihr von unserer Pilgerreise zu Sai Baba, bei der wir die Saris gerne tragen würden. Sogleich war sie in ihrem Element. Sie breitete die beiden Stoffe aus und freute sich an unseren Errungenschaften, die ihr sehr gut gefielen. Sie nahm Maß an unseren Schultern, Brüsten, Oberarmen und Taillen und notierte sich alles auf einem kleinen abgerissenen Zeitungsfetzen.

Als wir vollständig vermessen waren, lud sie uns zu einem Tee ein, den wir auf ihrer Veranda tranken. Sie erzählte uns, dass sie fast ausschließlich für Touristen arbeiten würde. Dies würde ihr ein gutes Einkommen sichern, denn sie lebte allein mit ihren Kindern, da ihr Mann sie schon vor Jahren verlassen hatte. Ich stellte mir vor, wie viel sie wohl schneidern musste, um den Lebensunterhalt für sich und ihre Kinder verdienen zu können. Es wurde schon dämmrig als wir uns verabschiedeten und uns mit ihr für den morgigen Nachmittag zur Anprobe unserer Saris verabredeten.

Als wir am nächsten Tag um die Ecke bogen, sahen wir sie schon auf der Veranda stehen und wir winkten uns fröhlich und vertraut zu. Sie führte uns wieder in ihr Haus und überreichte uns stolz die fertig geschneiderten Saris. Wir konnten es kaum erwarten, wie wir nun in unseren Saris aussehen würden.

Doch wie legt man einen Sari an?

Ratlos schaute ich Ela und Sophia an, denn ich wusste nicht, was ich mit der Stofffülle von circa sechs Metern Länge anstellen sollte.

Sophia ließ uns unsere Unsicherheit und Zweifel bei der Anprobe der Saris schnell vergessen. Sie stand uns wie eine Freundin mit Rat und Tat zur Seite.

Wir schlüpften zunächst in unsere Unterröcke und zogen dann die enganliegenden, kurzen Blusen an, die Cholis genannt werden. Dann machte Sophia an einem Ende vom Saristoff einen Knoten und steckte ihn seitlich oben links in den Unterrock. Nun wickelte sie den Sari einmal um die Hüften herum, so dass eine Art Rock entstand, der den Unterrock vollständig verdeckte. Den überlappenden Stoff ließ sie gekonnt in dem Bund des Unterrockes verschwinden. Dann legte sie unter dem Bauchnabel den Stoff fünf Mal handbreit in Falten. Sie erklärte uns, dass wir uns so mehr Beinfreiheit fürs Gehen verschafften und die auslaufenden Falten einen schönen Sitz garantierten. Das Faltenbündel wurde nun mit einer Sari-Nadel fixiert und in den oberen Bund des Saris gesteckt. Nun drapierten wir den Stoff von unten weiter über den unteren Rücken, wieder nach vorne, so dass die Brüste gut verdeckt waren. Das reich verzierte Ende des Stoffes, den Pallu, legten wir auf der linken Schulter in Falten und fixierten diese mit einer Sari-Nadel an dem Schulterausschnitt der Cholibluse. Elegant fiel der Faltenüberwurf über den Rücken bis zu den Oberschenkeln.

Sophia legte noch hier und da Hand an, indem sie alles so lange hin- und herzupfte bis unsere Gesamterscheinung ordentlich und anmutig aussah.

Wir fühlten uns wie Prinzessinnen und schritten mit unseren Saris würdevoll durch den Raum.

Es war ein ganz neues Gefühl, in einem Sari gekleidet zu sein. Als wir uns auf die Stühle setzten, um mit Sophia einen Tee zu trinken, saßen wir kerzengerade und mit übergeschlagenen Beinen dermaßen damenhaft, als hätten wir einen Stock im Rücken. Es fehlte nur noch, dass wir elegant den kleinen Finger beim Halten der Teetasse abspreizten. Wir bedankten uns immer wieder überschwänglich bei Sophia.

Am späten Nachmittag verabschiedeten wir uns wie von einer neuen, lieb gewonnenen Freundin und führten unsere Saris in Colva zum Abendessen aus.

Nach drei entspannten Strand- und Ausflugstagen in Goa machten wir uns mit unseren Saris im Gepäck früh morgens auf den Weg zum Flughafen in Goa, um ins Landesinnere nach Bangalore, dem Silicon Valley Indiens, zu fliegen.

Dort gelandet, fuhren wir zu einem im Kolonialstil erbauten und eingerichteten Hotel, in dem wir uns bereits von Deutschland aus ein Zimmer für eine Nacht reserviert hatten.

Ela hatte das imposante und trotzdem gemütliche Hotel mit englischem Flair von Freunden empfohlen bekommen und der Tipp war wirklich prima.

Nachdem wir unser Gepäck auf unsere Zimmer gebracht hatten, wollten wir den Rest des Tages damit verbringen, uns die Stadt anzuschauen.

Leider hatte Bangalore, als drittgrößte Stadt Indiens nach Mumbai und Delhi, neben endlosen Geschäften und Lokalen nicht wirklich viel zu bieten. Nachdem wir den Palast und die Festung bestaunt hatten, tranken wir erst mal ausgiebig Tee in einem Café, welches in einem sehr schönen blütenreichen und von alten Baumbeständen umgegebenen Park lag.

Dann machten wir uns zu Fuß und etwas abgekämpft von der mit Menschen überfüllten, verkehrsreichen Stadt auf den Weg zu unserem Hotel.

3. Mahatma Gandhi - Die große Seele

Auf dem Rückweg gingen wir ein ganzes Stück über die Mahatma Gandhi Road und vor meinem geistigen Auge erschienen Szenen aus dem großartig verfilmten Leben von Gandhi.

Gandhi hatte mich schon als Kind beeindruckt. Sein Leben ist auch heute noch eng mit seinem Heimatland und seinen Landsleuten verwoben.
Seine Botschaft ist so einfach und doch so schwer umzusetzen:

„Sei Du selbst die Veränderung,
die Du Dir wünschst für diese Welt."

Mohandas Karamchand Gandhi wurde am 2. Oktober 1869 in Porbandar im Bundesstaat Gujarat geboren. Er entstammte einer angesehenen, tief religiösen hinduistischen Familie, die der dritten Kaste der Vaishya, der Kaufleute, angehörte. Somit gehörte seine Familie zur wohlhabenden und angesehenen gesellschaftlichen, politischen Oberschicht.
Er studierte Rechtswissenschaften in London und trat nach seinem bestandenen Examen wegen seiner Schüchternheit und Nervosität nicht selbst als Anwalt

vor Gericht auf, sondern arbeitete in Indien für andere Anwälte.

Eines Tages betraute man ihn mit einem Fall in Südafrika. Hier erlebte er hautnah die Diskriminierungen und Repressalien, die er und andere Inder fern der Heimat unter der britischen Herrschaft erdulden mussten. In den einundzwanzig Jahren, die er in Südafrika lebte und arbeitete, setzte er sich für die Menschenrechte ein. Zahlreiche, die indische Minderheit diskriminierende Gesetze wurden durch seinen Einsatz zurück genommen oder verhindert.

Als er in seine Heimat Indien 1914 zurückkehrte, eilten ihm seine Erfolge und sein Ruf bereits voraus und er wurde als Nationalheld von seinen Landsleuten empfangen.
Er schloss sich zunächst der Indian National Congress Partei an und übernahm bald deren Führung.
Um die indische Unabhängigkeit von der britischen Kolonialmacht durch Gewaltlosigkeit (Ahimsa) durchzusetzen, rief er seine Landsleute zum friedlichen Ungehorsam und Widerstand gegen die Britische Krone auf. Da er bei der Verletzung der Gesetze keinerlei Gewalt anwendete und seine Strafen immer akzeptierte, erweckte er das Interesse der internationalen Presse, so dass den

Briten oftmals nichts weiter übrig blieb, als ihn immer wieder aus der Haft zu entlassen.

Seine spektakulärste Aktion bestand aus dem "Salzmarsch" im Jahre 1930. Da es den Indern verboten war, eigenes Salz zu produzieren und damit zu handeln, machte er sich mit weniger als einhundert Gleichgesinnten auf einen dreihundertachtzig Kilometer langen Fußmarsch von Ahmedabad zur Küste nach Dandi, nahe Mumbai.
Durch die Berichterstattung in der Presse stießen auf dem Weg immer mehr Sympathisanten zu ihm, so dass zuletzt mehrere hundert Menschen mit ihm den indischen Ozean erreichten. Hier nahm er eine Hand voll Salz vom Strand auf und forderte damit zu einer landesweiten Übertretung des Salzgesetzes auf, wonach britisches Salz boykottiert werden und die Inder ihr Salz selbst herstellten sollten. Die Inder folgten diesem Boykottaufruf. Nach langem Ringen und großen finanziellen Einbußen hoben die Briten letztendlich das Salzgesetz auf.

Eine weitere legendäre Kampagne sollte Indien von den britischen Textileinfuhren unabhängig machen. Jeder indische Haushalt sollte nach Gandhis Ansicht mit seinem eigenen Spinnrad seine Baumwollstoffe selbst herstellen und somit die britischen Stoffeinfuhren boykottieren. Gandhi trug nicht mehr die britischen Maßanzüge, sondern den von ihm selbst gesponnenen und gewebten traditionellen Baumwoll-Lungi, das indische Lendentuch für Männer.

Obwohl dieser Boykott zu Lasten der englischen Textilarbeiter ging, zeigten sie Solidarität für die Lage der indischen Bevölkerung. Viele Fotos zeigen Gandhi auf dem Boden hinter dem Spinnrad sitzend. Er trug das Lendentuch mit Stolz und als Zeichen der Verbundenheit mit den Ärmsten der Armen seines Landes.

Gandhi trat zudem für die soziale und wirtschaftliche Gerechtigkeit, wie die Verbesserung der Lebensbedingungen für die Unberührbaren, ein. Er setzte sich trotz seiner privilegierten Herkunft für die unteren Kasten und die Unberührbaren (Parias) ein. Seiner Meinung nach hätten sie ebenfalls ein Recht auf ein menschenwürdiges Leben ohne Armut und Hunger sowie eine Ausbildung und das Recht zur freien, kastenunabhängigen Berufswahl.

Zudem war er der festen Überzeugung, dass ein freies und friedliches Indien nur existieren könne, wenn sich die Dörfer, in denen die Mehrzahl der indischen Bevölkerung lebte, autonom verwalten würden. Dieses autarke und gewaltfreie Wirtschaften sollte durch Eigenproduktion und eine einfache Lebensweise ermöglicht werden und der breiten Bevölkerung ein besseres Auskommen garantieren.

Nachdem sich Gandhi 1940 gegen die Beteiligung Indiens am zweiten Weltkrieg ausgesprochen hatte und ab 1942 die Entlassung Indiens in die Unabhängigkeit forderte, wurde er erneut verhaftet.

1946 versuchte eine britische Regierungsdelegation, die Bedingungen zur Unabhängigkeit auszuhandeln. Diese galten für die moslemische Partei als unannehmbar, weshalb deren Präsident zu einem „Tag der direkten Aktion" aufrief.
Dabei kam es zu Gewalttaten und Tötungen von Hindus durch Moslems, die mit Massakern von Hindus an Moslems gerächt wurden.
Mit Fastenaktionen und Friedensmärschen versuchte Gandhi die verfeindeten Lager der beiden Glaubensrichtungen wieder zu vereinen und forderte von ihnen ein friedliches Zusammenleben.

1947 war endlich die Unabhängigkeit von der britischen Kolonialmacht erreicht. Doch der Preis war hoch: die Briten spalteten den indischen Subkontinent in die Indische Union mit der mehrheitlich hinduistischen Bevölkerung und die Republik Pakistan mit der mehrheitlich moslemischen Bevölkerung.

Dies war der Auftakt für eine gigantische Völkerwanderung, die bald von gegenseitigen Gewalttaten überschattet wurde. Gandhi empfand diese Spaltung als große Katastrophe für sein Volk und war zeitlebens bestrebt, die beiden Religionsgruppen gleich zu stellen und auszusöhnen.

Gandhi, der verkörperte Inbegriff der Gewaltlosigkeit, wurde während seines Abendgebetes am 30. Januar 1948 im Alter von achtundsiebzig Jahren durch einen hinduistischen Fundamentalisten in Neu Delhi erschossen. Als ihn die drei Schüsse trafen, hob er seine Hände zum traditionellen Hindu-Gruß bevor er zu Boden sank. Mit dieser Geste drückte er seine Vergebung gegenüber seinem Attentäter aus. Er starb mit dem Wort „He Ram" (Oh Gott) auf den Lippen.

Sein Leichnam wurde aufgebahrt, unter der Anteilnahme von Hunderttausenden seiner Landsleute, durch die Straßen von Neu Delhi gefahren. Er wurde nach den hinduistischen Traditionen verbrannt und seine Asche in den Ganges gestreut.

Gandhi lebte mehr als acht Jahre in Gefängnissen und verlieh seinen Forderungen mit seinen lebensbedrohenden Hungerstreiks Nachdruck. Er lehnte es stets voll Bescheidenheit ab, „Mahatma" (große Seele) genannt zu werden.

Er wurde zum geistigen Vater seines Landes, die ihn auch liebevoll "Baba" (Vater) nannten. Der Anwalt, der in jungen Jahren öffentliche Auftritte mied, bewegte ein ganzes Volk. Er wurde dessen Anwalt und Vater einer ganzen Nation.

Doch man wird Gandhi nie voll erfassen können, wenn man ihn nur als einen ehrenvollen Staatsmann und Politiker betrachtet. Vielmehr ist seine tiefe Religiosität die Triebfeder all seines Handelns gewesen.

Gandhi lebte eine tiefe Liebe zu Gott, die sich in der Liebe zu allen Lebewesen widerspiegelte. Er war ein Karma Yogi, der durch sein Tun (Karma) Gott und den Menschen diente, uneigennützig war und somit Gott verehrte. Das Wort „Yogi" bedeutet: „Jemand, der sich mit Gott vereinigt".

Er knüpfte keinerlei Erwartungen an sein Handeln und kalkulierte weder weltlichen noch göttlichen Lohn dafür ein, denn sein Handeln sollte frei von jedweden Anhaftungen sein.

Er lebte vegetarisch, legte nach der Geburt seiner vier Söhne ein Keuschheitsgelübde ab und ließ seine lukrative Anwaltskarriere fallen, indem er sich voller Hingabe für die Belange seines Volkes einsetzte.

Gandhi war geprägt von der Lehre des Jainismus, die auf das 6. Jahrhundert zurück geht und als höchste Tugend die Gewaltlosigkeit (Ahimsa) ansieht. Er verstand darunter, dass man vermeidet, irgendeinem Lebewesen in Gedanken, durch Worte oder Taten Leid anzutun. Er sagte:

„Du und ich: Wir sind eins.
Ich kann dir nicht wehtun, ohne mich zu verletzen."

Er gründete selbst in Südafrika und in Indien Ashrams (Einsiedeleien), welche als Vorbild für ein einfaches, ländliches, unabhängiges und sich selbst versorgendes Leben und Wirtschaften dienen sollten.

Er studierte auch die heiligen Schriften anderer Religionen, wobei ihn die Bergpredigt von Jesus sehr stark beeindruckte. Auf die Frage, welcher Religion er angehörte, antwortete er:

„Ich bin Hindu und ich bin Christ.
Ich bin Moslem und ich bin Jude."

Der Vatikan schrieb zu seinem Tod:

„Die Nachricht von der Ermordung hat hier tiefen
Schmerz verursacht.
Gandhi wird als ein Apostel christlicher Tugend betrauert."

In seinem Nachruf auf Mahatma schrieb Albert Einstein:

„Zukünftige Generationen werden es kaum für möglich
halten,
dass einer wie er leibhaftig auf Erden wandelte."

Mahatma Gandhi ist wahrhaftig eine große Seele.

4. Verpasste Chance

Nach dem Frühstück hatten Ela und ich noch einen ganz besonderen Termin in Bangalore eingeplant. Unsere Palmblattlesung, die auch Nadi Reading genannt wird, sollte bereits um acht Uhr beginnen, damit wir danach gleich in den Ashram von Sai Baba nach Puttaparthi fahren konnten.

In Deutschland hatten wir bereits zu dem Palmblattleser in Bangalore Kontakt aufgenommen und ihm unsere Geburtsdaten gemailt. Nachdem er uns zurück mailte, dass er unsere Palmblätter im Archiv habe, vereinbarten wir vorab zwei Termine in Bangalore.

Wir wollten herausfinden, worin Hindernisse oder Chancen aus früheren Inkarnationen bestünden und welche die jetzigen Lebensaufgaben waren.

Die Palmblätter, kleine rechteckige Täfelchen aus getrockneten Stechpalmenblättern, die mit Kordeln zusammen gebunden sind, wurden von den sieben Rishis, den Sehern, vor mehr als 7000 Jahren verfasst.
Diese erstellten auch die ältesten Schriften der Menschheit, die Veden - die Bücher des Wissens - welche ihnen von Gott Brahma geistig übermittelt wurden.

Diese Heiligen waren losgelöst von unserem Raum- und Zeitverständnis. Sie konnten sich geistig mühelos in der Vergangenheit, Gegenwart und Zukunft bewegen und das darin enthaltene unbegrenzte Wissen des Weltgedächtnisses, Akasha genannt, abrufen.

Sie wussten, wer in Zukunft seine Palmblätter einsehen wollte und schrieben für mehrere Millionen Menschen deren Leben in der Ursprache Sanskrit oder Alt-Tamil auf.

Die Blätter können je nach Lagerung rund fünfhundert bis achthundert Jahre bestehen und müssen immer wieder auf neue Palmblätter übertragen werden.

Von Generation zu Generation werden diese Palmblatt-Bibliotheken, die Kunst sie zu lesen und die damit verbundenen Rituale in Indien und Sri Lanka weitergegeben.

Ich fühlte mich auf unserem Weg zum Reading sehr aufgewühlt, denn was würden wir alles erfahren?

Als wir den Innenhof des Palmblattlesers erreichten, herrschte schon große Betriebsamkeit auf dem Gelände und wir fragten einen älteren Herrn, wo wir den Palmblattleser finden würden.

Er begleitete uns zu dem Sekretär des Palmblattlesers, der die Termine verwaltete und sich um die Administration kümmerte. Wir nannten ihm unsere Namen und ich sagte ihm, dass wir heute die Termine für unsere beiden Nadi Readings hätten.

Er blätterte geschäftig in seinen Aufzeichnungen, blickte auf und sagte voller Bedauern:

"I'm sorry. But your readings were yesterday morning. You are one day too late."

Ich war geschockt und konnte keinen Ton herausbringen. Verzweifelt schaute ich Ela an.

Mir schossen die Tränen in die Augen. Das durfte doch nicht wahr sein! Nun machten wir diesen weiten Weg von Deutschland nach Indien und standen hier für unsere Lesungen und waren einen Tag zu spät.

Das konnte doch nicht sein letztes Wort gewesen sein.

Ich versuchte das Schicksal zu wenden und fragte nach einem Ausweichtermin, bot ihm an, zu jeder Tages- und Nachtzeit zu kommen.

Aussichtslos.

Ich konnte ihn nicht erweichen, denn es gab auf Wochen voraus keinen freien Termin mehr.

Völlig ausgebucht.

Wir hatten unsere Chance gehabt und wir hatten sie verpasst. Traurig schlich ich mit Ela über den Hof. Ela nahm es gelassen, ja fast erleichtert auf, denn ihr schien es nicht ganz geheuer, vielleicht sogar Unangenehmes über Krankheiten und Tod zu erfahren.

Ich hingegen war untröstlich.

5. Auf dem Weg

Also gingen wir unverrichteter Dinge wieder zu unserem Hotel zurück. In der Lobby tranken wir erst mal einen Kaffee auf diesen, für mich niederschmetternden Morgen.

Wir hatten durch die Hotelrezeption schon bei unserer Anreise ein Taxi für zehn Uhr bestellen lassen, um nach Puttaparthi zu fahren. Unser Gepäck hatten wir bereits nach dem Frühstück in einem Kofferraum an der Rezeption sicher in Verwahrung gegeben.

Als das Taxi pünktlich vorfuhr, brauchten wir allerdings eine beträchtliche Zeit, bis wir im Wagen saßen. Durch die Einkäufe der letzten Tage war unser Gepäck beachtlich angewachsen.

Mit der Engelsgeduld und Hilfe unseres Fahrers verstauten wir unsere zahlreichen Einkaufstaschen neben den übersichtlichen Gepäckstücken aus Deutschland im Kofferraum und zwischen uns auf der Rücksitzbank.

Bevor der Fahrer den Wagen anließ, stellte er sich uns mit dem Namen Feyaz vor.

Er meinte, dass er für die einhundert fünfzig Kilometer mit einer kurzen Mittagspause knapp vier Stunden benötigen würde.

In großer Erwartung und voller Vorfreude machten wir uns auf den Weg zu Sai Baba.

In Deutschland hatte ich neben unseren Reisevorbereitungen über Sai Baba und seine Lehre gelesen, was in der Kürze der Zeit möglich war.
Mein erster Eindruck war: kleiner, graziler Mann mit orangefarbenem, bodenlangem Seidengewand und mit schwarzen krausen Haaren. Er hat auf den Bildern ein sehr warmherziges Lächeln und liebevolle, bisweilen melancholische Augen, die eine große Weisheit und Menschenliebe widerspiegelten.

Die staubige und trockene Landschaft zog an uns vorbei. Spielende Kinder, laufende Hunde, geschäftige Menschen. Dazu wahnwitzige LKW-Fahrer, die sich mit den Bildern von hinduistischen Gottheiten im Führerhaus sicher fühlten und wohl glaubten, Gott als Beifahrer neben sich zu wissen. Sie bretterten mit ihrem absoluten Gottvertrauen über die Straßen und riskierten waghalsige Überholmanöver.
In den Straßengräben sahen wir immer wieder Autowracks, LKWs und Busse liegen. Hier war der liebe Gott wohl vorher als Beifahrer ausgestiegen.

Unser Fahrer war sehr umgänglich und fürsorglich. Er

versuchte uns wohlbehalten, entlang der tiefen Schlag-
löcher und durch die irrwitzig wimmelnden Fahrzeuge,
sicher an unser Ziel zu bringen.

All diese Eindrücke mit dem heißen Fahrtwind auf der
Rücksitzbank wahrnehmend, näherten wir uns in ge-
spannter Erwartung unaufhörlich unserem Ziel:
Puttaparthi.

Nach zwei Stunden fragte uns Feyaz, ob wir nun eine
Pause für eine kurze Erfrischung einlegen wollten. Gerne
willigten wir dazu ein und so steuerte er bald ein kleines
Restaurant am Straßenrand an. Ela und ich gingen zielsi-
cher auf die kleinen, runden Resopaltischen zu, die von
silberfarbenen Metallstühlen umrundet wurden.

Als sich Ela und ich an einen gemütlichen Tisch mit Blick
auf unser Taxi setzten, sahen wir erstaunt, dass Feyaz
am Nachbartisch Platz nahm.
Wir waren etwas irritiert, denn wir dachten ganz selbstverständlich, dass wir alle an einem Tisch sitzen würden.
Im Taxi hatten Ela und ich bereits ausgemacht, dass wir
unseren Fahrer zum Essen einladen.
Wir baten ihn zu uns herüber und luden ihn zum Essen
ein. Doch er lehnte höflich und bescheiden ab.
Er erklärte uns, wir seien seine Fahrgäste und deshalb

wolle er nicht mit uns zusammen an einem Tisch essen. Dann wünschte er uns einen guten Appetit und bestellte sich lediglich einen Kaffee, den er mit viel Zucker langsam trank und sichtlich genoss.

Für ihn waren wir seine Kundinnen und gehörten als europäische Touristinnen zu einer höheren Kaste. Ein Vermischen der Kastenzugehörigkeit durch das Einnehmen eines gemeinsamen Essens kam für ihn, als traditionellen Hindu, nicht in Betracht. Ela und ich blickten uns erstaunt an. Wir hatten nicht damit gerechnet, dass dieses Kastendenken im indischen Alltag immer noch präsent war, zumal wir mit Feyaz aus der modernen, High-Tech Metropole Bangalore kamen.

Das fast zweitausend Jahre alte, streng hierarchisch ausgelegte Kastensystem besteht aus vier Kasten (Varnas), die sich in dreitausend Unterkasten (Jatis) aufteilen.

Die Brahmanen, Kshatrijas, Vaishyas und Shudras stellen die vier Hauptkasten.

Die Brahmanen sind die Priester, Kenner und Lehrer der heiligen Schriften.
Unter Kschatrijas verstand man ursprünglich die Krieger, Könige, Fürsten und Adeligen. Heute besteht diese Kaste

hauptsächlich aus Beamten, Soldaten und Grundbesitzern.

Zu den Vaishyas gehören die Kaufleute, Händler, Geldverleiher und ebenfalls Grundbesitzer.

Bauern, Dorfpolizisten und bestimme Handwerksberufe sowie die Diener und Arbeiter gehören der Kaste der Shudras an.

Aus dem Kastensystem und damit aus dem Gesellschaftssystem fallen die Harijans heraus. Diese sind in den Berufsgruppen der Schmiede, Metzger, Fischer, Landarbeiter, Wäscher, Schuhmacher, Gerber und Straßenreiniger vertreten. Eine Unterkaste hierzu bilden die Parias, die Unberührbaren, die nur niedrigste Arbeiten verrichten dürfen.

Die geburtlich festgelegte Kastenzugehörigkeit bestimmt auch heute noch den gesellschaftlichen Status und die damit verbundenen sozialen und religiösen Privilegien. Danach ist die Partner- und Berufswahl unter traditionellen Hindus noch heute durch die Kastenzugehörigkeit vorgegeben.

Das Kastensystem hat über die Jahrhunderte aufgrund des hinduistischen Glaubens überlebt, wonach die Geburt in eine Kaste durch das eigene Tun (Karma) der Vorleben bestimmt wird. Im jetzigen Leben bietet sich dem gläubigen Hindu die Gelegenheit, dieses Karma abzuarbeiten und sich durch positives Tun, für die kommenden Leben eine höhere Kastenzugehörigkeit zu verdienen. Diese Fügung ins Schicksal führt dazu, dass das Kastenwesen noch heute in der indischen Gesellschaft überlebt hat.

Nach unserer kurzen Mittags- und Verschnaufpause traten wir mit Feyaz nun die zweite Etappe nach Puttaparthi an. Es war eine Fahrt durch eine trockene, staubige Landschaft, die sich zu dieser Jahreszeit in hellen Erdtönen präsentierte. Nach knapp vier Stunden, wie es Feyaz voraus gesagt hatte, erreichten Ela und ich voller Vorfreude auf unsere Begegnung mit Sai Baba Puttaparthi.

Wir durchfuhren einen gemauerten in rosa und himmelblau gestrichenen, reich verzierten Torbogen mit der Aufschrift:

"Om Sri Sai Ram.
You are at the feet of Sri Bhagwan Sathya Sai Baba
land of peace and divinity."

Wir hatten unser Ziel erreicht - zumindest physisch.

6. Sri Sathya Sai Baba - Der Avatar unseres Zeitalters

„Es gibt nur eine Religion, die Religion der Liebe.
Es gibt nur eine Kaste, die Kaste der Menschheit.
Es gibt nur eine Sprache, die Sprache des Herzens.
Es gibt nur einen Gott; Er ist allgegenwärtig."

Sai Baba -Quelle: www.sai-baba.de

Sri Sathya Sai Baba wurde mit dem Namen Ratnakaran Sathyanarayan Rajuam 23. November 1926 als Sohn einer Bauernfamilie in Puttaparthi geboren.
Er offenbarte sich am 23. Mai 1935 als Reinkarnation von Shirdi Sai Baba, einem indischen Heiligen, der 1918 gestorben war.

Der Titel und Name Sri Sathya Sai Baba bedeutet:„Sathya", die Wahrheit, wobei „Sai" seine Heiligkeit ausdrückt. „Baba" ist eine männliche Form und bezeichnet die göttliche Mutter und den göttlichen Vater.
Der Titel „Sri" ist eine respektvolle Anrede, die die Verehrung der Person ausdrückt.

Nachdem Sai Baba mit dreizehn Jahren von einem schwarzen Skorpion gestochen worden war, fiel er zunächst in ein Koma. Als er kurz aus dem Koma erwachte, glitt er in eine Trance und zitierte heilige Schriften, die ihn niemand gelehrt hatte. Er erklärte seinen Eltern, dass er nun nicht länger zu ihnen gehören würde, da seine Anhänger ihn erwarteten und er die Aufgabe hätte, die Menschen spirituell zu erneuern.

In seinem Heimatdorf gründete er 1950 den Ashram "Prashanti Nilayam" - den Ort des höchsten Friedens. Eine Pilgerstätte, die jährlich von zehntausenden Anhängern und Suchenden, die vorwiegend aus Nordamerika, Europa und Indien kamen, besucht wurde.
Die heißen Sommermonate verbrachte Sai Baba mit seinen Pilgern in dem östlich von Bangalore und damit kühler gelegenen, zweiten Ashram namens "Whitefields" in Brindavan.
Sai Baba verstarb am 24. April 2011 an Herzversagen.
Er hatte schon im Jahre 1960 vorausgesagt, dass er nur noch 59 Jahre leben werde. Nach dem Mondkalender, der im spirituellen Leben Indiens maßgeblich ist, traf seine Prophezeiung exakt zu.

Sai Baba war über die Grenzen seines Landes ein bekannter und verehrter Guru (spiritueller Lehrer), der auch als „Avatar unseres Zeitalters" bezeichnet wurde.
Ein Avatar hat bereits das göttliche Bewusstsein erlangt und kommt freiwillig auf die Erde zurück, um den Men-

schen in ihrem Streben zu Gott als Lehrer, Vorbild und Wegbereiter zu helfen. Er ist eine göttliche Inkarnation, die eine bestimmte göttliche Qualität verkörpert und die Menschheit in ihrer geistigen Evolution emporheben möchte und ihnen seine göttliche Erkenntnis durch Schweigen, Blicke oder Berührungen übermittelt.

Sai Babas Botschaft als Avatar lautete:

„Ich bin nicht gekommen,
um irgendeine besondere Religion zu verbreiten.
Ich bin gekommen,
um die Lampe der Liebe in euren Herzen anzuzünden."

Sai Baba -Quelle: www.sai-baba.de

Sai Baba, dessen erste Inkarnation als Shirdi Sai Baba erfolgte, versprach seinen Anhängern, sich nach seinem körperlichen Tod als Sai Baba sich zum letzten Mal zu inkarnieren. Diese Inkarnation würde als Avatar mit dem Namen Prema Sai in Indien erfolgen.

Sai Baba genoss ein hohes Ansehen in seinem Heimatland. Selbst Regierungsmitglieder suchten seinen Rat und verehrten ihn. Darüber hinaus realisierte er in Indien zahlreiche soziale Projekte wie Krankenhäuser, Schulen und Wasserversorgungssysteme.

Es verwundert also nicht, dass die Regierung von Andhra Pradesh nach seinem Tod eine viertägige Staatstrauer und ein ehrenvolles Staatsbegräbnis anordnete.

Sai Babas Lehre ist religions- und kastenübergreifend, wonach jede Religion geachtet und die Gemeinsamkeiten aller Religionen erkannt werden sollten, um so Gott in der Einheit zu erkennen. Deshalb empfahl er seinen Anhängern, in ihrem Religions- und Kulturkreis zu bleiben.

Seine Lehre beinhaltet die Gemeinsamkeiten aller Religionen und die darauf basierenden Grundwerte. Er bildete daraus einen Verhaltenskodex der sogenannten höchsten Prinizipien:

Prema - die Liebe, Shanti - der Frieden, Ahisma - die Gewaltlosigkeit, Sathya - die Wahrheit und Dharma - die Rechtschaffenheit.

Nach Sai Baba kann der Mensch nur durch die Liebe (Prema) Frieden (Shanti) erlangen. Nur die selbstlose und uneigennützige Liebe zu Gott und allen Lebewesen führe somit zum Frieden und letztlich zur Glückseligkeit (Ananda).

Da sich der Mensch durch die Begrenztheit seines Körpers, seiner Sinne, Gefühle und seines Denken als abgetrennte „Ich/Ego"- Individualität erlebt, verspürt er ein getrennt sein von Gott und dem schöpferischen Ausdruck.

Die Aufgabe eines jeden Menschen besteht darin, diese Illusion (Maya) zu entlarven und die Wahrheit (Sathya) zu erkennen, wonach alles Sein in Gott verbunden und eins in Gott ist.

In jedem Menschen wohnt als individuelles Selbst die Göttlichkeit als göttliches Sein und göttliches Bewusstsein (Atman). Dieser Atman ist mit dem Unendlichen und Grenzenlosen, der kosmischen Kraft und dem universell Ganzen (Brahman), der Weltenseele, verbunden. Diese Einheit des ständig existenten Atmans mit der kosmischen Kraft des Brahman gilt es zu erkennen und zu erfahren.

Demnach ist der alles durchdringende Gott in allem gegenwärtig.

Damit ist auch der freiwillige und uneigennützige Dienst am Nächsten durch selbstloses Dienen (Seva) letztlich ein Dienst an Gott.

Liebe und göttliches Bewusstsein können jedoch nur wachsen und gedeihen, wenn sich der Mensch von seinem Ego befreit.

Dazu muss er seine Wünsche, die ihn mit der Illusion der Welt verbinden, kontrollieren und aufgeben. Durch wahrhaftiges und rechtschaffendes Verhalten (Dharma) sowie Gewaltlosigkeit (Ahimsa) allen Lebewesen gegenüber, kann der Mensch sein göttliches Bewusstsein erweitern.

Sai Baba riet dazu, nicht zu fragen: „Wer ist Gott?", sondern sich zu fragen: „Wer bin ich?"

Er sagte, die Menschen seien Sklaven ihrer Sinne und Wünsche. Das Streben nach Materiellem, Macht und Ansehen solle man ablegen, da dies unfrei machen würde. Stattdessen sollten wir uns nach Vollkommenheit und Weisheit sehnen und mit Dingen beschäftigen, die uns Gott näher bringen. Nur so könnten wir inneren Frieden finden und wären mit dem zufrieden, was Gott uns schickt. Unser Herz bliebe dann fröhlich, frei und in der Liebe verankert.

„Gott ist allen lebenden Wesen immanent.
Namen und Formen mögen sich unterscheiden,
aber es gibt nur den einen Gott.
Er ist in euch allen gegenwärtig.

Ihr seid alle Verkörperungen des Göttlichen.
Erkennt diese Wahrheit.

Macht keine trennende Unterscheidung
von Hoch und Niedrig.
Alle sind eins.

Glaubt an die Vaterschaft des Einen Gottes und
dass alle Menschen Seine Kinder sind –
und führt ein glückliches Leben."

Sai Baba -Quelle: www.sai-baba.de

7. Ankunft in Puttaparthi

Als wir nachmittags das von Elas Freundin empfohlene Hotel in Puttaparthi ansteuerten, fühlte sich Ela sehr elend. Wir bezogen unser gemeinsames Hotelzimmer. Es hatte ein Badezimmer, zwei Betten mit Nachtkästchen und einen niedrigen Wohnzimmertisch. Unser Zimmer war zwar etwas schmucklos, aber sauber und preiswert.

Ich wollte so schnell wie möglich in den Ashram gehen und so packte ich nur das Nötigste aus.
Ela hingegen legte sich mit Bauchkrämpfen auf das Bett und entschloss sich, ihren aus dem Duty Free Shop mitgebrachten Whisky gegen die Bakterien zu trinken. Sie war erleichtert, als ich mich verabschiedete, damit sie sich im Zimmer alleine ausruhen konnte. Während sie dem Whisky frönte und schnell durchschlagende Erfolge in puncto Alkoholpegel erreicht hatte - natürlich aus rein medizinischen Gründen - ging ich von unserem Hotel durch schmale Gassen zur staubigen Hauptstraße.

Ich folgte den weiß gekleideten Pilgern, die, wie von einem Magnet angezogen, die Dorfstraße entlang strömten und dann durch das schmiedeeiserne, geöffnete Tor in die eigene Welt des Ashrams eintauchten.

Sai Baba nannte seinen Ashram Prashanti Nilayam - der Ort des höchsten Friedens und als ich durch das Tor gegangen war, umfang mich die friedvolle Stille dieses Ortes. Es waren zwar tausende von Menschen auf dem Gelände, doch jeder versuchte bedächtig zu gehen und sich leise zu verhalten. Alles wurde zu Fuß erledigt und so gab es keinen lärmenden und stinkenden Autoverkehr innerhalb des Geländes.

Ich ließ mich von dem Strom mitziehen und betrat ein weitläufiges Areal. Dort gab es eine große Gebetshalle und weitere Gebäude, die alles beheimateten, was der Pilger so zum spirituellen Wachstum und der Mensch an sich zur Erhaltung der Körperfunktionen wie Essen, Trinken und Schlafen benötigt. Es gab einen indischen und einen kontinentalen Speisesaal, einen Bücherladen, um die Lehren Sai Babas zu studieren und natürlich die vielen Gebäude, in deren Zimmer und Schlafsälen die zahlreichen Pilger untergebracht waren, die sich nicht in Hotels und Pensionen einmieteten.

Die Pilgerströme flossen an der riesigen Gebetshalle wieder auseinander. Die Menschen bildeten meterlange Schlangen an verschiedenen Eingängen der Halle. Sie wollten den Nachmittagsdarshan miterleben. Nach der hinduistischen Philosophie versteht man unter einem

Darshan das Zusammentreffen von Meister und Schüler, zu dem der Schüler geladen wird und den Segen des Meisters - zumeist ein Heiliger - schon durch dessen bloßen Anblick erhält.

Völlig fassungslos sah ich die meist weiß gekleideten Menschen aller Nationalitäten, die geduldig in brütender Nachmittagshitze an den Eingängen zu der Gebetshalle anstanden, um Sai Babas Darshan, seinen persönlichen Segen, zu empfangen.
Die Männer standen in langen Schlangen an mehreren Eingängen links der Halle und die Frauen rechts der Halle.

Herzlichen Glückwunsch!
Das konnte ja heiter werden, wenn wir hier drei Wochen und mehrfach am Tag in der Sonne stehen mussten, um überhaupt in die Gebetshalle zu kommen.

Mir wurde immer bewusster, dass wir die nächsten Wochen im Wechselspiel von anstehen, beten, anstehen, beten sowie mit essen und schlafen verbringen würden.
Zunächst schaute ich mir, um diesem zeit- wie sonnenintensiven Unterfangen zu entgehen, die örtlichen Gegebenheiten der Eingänge an.
Und siehe da: „Wer sucht, der findet."

Auf der Rückseite der Gebetshalle befand sich ein über-
dachter Eingang, der nur von einer Handvoll Menschen
benutzt wurde. Warum das so war, konnte ich mir nicht
erklären. Ich beobachtete die Szenerie. Hier war wohl
die „VIP"-Schleuse, denn dieser besondere Eingang befand sich nicht weit von Sai Babas Sitzplatz in der Gebetshalle, den ich schon durch die luft- und lichtdurch-
lässigen Wände nahe den Seiteneingängen gesehen hatte.

Ich beschloss kurzerhand: Erst einmal aus sicherem Abstand die Lage peilen und schauen, wie das Prozedere
abläuft. Immer wieder hörte ich den Begriff "second
arch", konnte damit aber nichts anfangen.

Ich näherte mich dem Vorplatz des Fraueneingangs und
zog vor dem Betreten der Schleuse meine Flip-Flops aus,
die sich zu den anderen hunderten von Paaren von
Schuhen, Sandalen und Schläppchen der weiblichen Pilgerinnen gesellten.

Entschlossen und mit so viel „VIP" wie möglich um mich
sprühend, stellte ich mich freundlich lächelnd und locker
in "the little line" der Frauen an.

Jetzt wurde es eng, denn ich musste vor dem Eintritt in die Gebetshalle noch einen aus Holz gezimmerten Türrahmen passieren, der einfach so ohne Wände dastand. Jeder Passant wurde hier von zwei weiblichen Devas (Dienenden) mit Metalldetektoren auf Waffen untersucht, denn in der Vergangenheit gab es Anschlagsversuche auf Sai Baba.

Ich nannte selbstbewusst das Codewort "second arch" und schritt zielstrebig durch den hölzernen Sicherheitscheck. Ein aufdringlicher Ton auf Brusthöhe drang durch die geschäftige Stille. Mein Bügel-BH. Wie peinlich ist das denn?
Er wurde nach meinen betretenen Erklärungen und mehrfachem Check mit dem Metalldetektor endlich als unbedenklich eingestuft.
Überprüft und für sicher befunden schlüpfte ich durch den Eingang.

"Second arch" war also das Codewort für den „Sesam öffne dich".

Zunächst passierte ich den Mandir (Tempel), der sich auf der Stirnseite in der riesigen Gebetshalle befand. In kleinen Schritten gingen wir Frauen unter Anweisung weiblicher Devas mittels Fingerzeigen sowie leisem Zischen zu den zugewiesenen Sitzabschnitten. Entweder wurde man in die ersten Reihen, nur wenige Meter direkt vor den noch leeren Sessel von Sai Baba, platziert oder man verblieb in dem seitlichen Hallenteil.

Ein Aussuchen von Plätzen gab es nicht.

Jedes Feld wurde dann Reihe für Reihe durch die Ordnerinnen mit den nacheinander in die Gebetshalle kommenden Frauen aufgefüllt, indem man sich im Schneidersitz auf den Boden setzte. Dabei achteten die Ordnerinnen darauf, dass jedes Feld und jede Reihe gleich lang und gerade verliefen. Wurde diese Ordnung durch uns Sitzende gestört, dirigierten sie uns solange bis wir in die akkurate und von ihnen gewünschte Position rutschten.

Als ich im Schneidersitz auf dem Marmorboden saß hatte ich endlich Zeit, mich in der Halle umzuschauen. Das mit Kassetten ausgeschmückte Dach wurde von riesigen Säulen gestützt. Die Halle war in zarten Pastelltönen getüncht. Der auf Hochglanz polierte Marmorboden spendete etwas Kühle. In Höhe der anderen Eingänge strömten die Devotees (Anhänger, Verehrer) in die Halle und wurden genauso ordentlich platziert, damit die Menschenmassen alle gut und sicher untergebracht waren. Die Frauen saßen links vor Sai Baba und die Männer auf der anderen Hallenseite. Dazwischen verlief ein Mittelgang der mit messingfarbenen Ständern und dunkelroten Kordeln die beiden Lager teilte. Die Sitzabschnitte und Reihen waren wie mit dem Lineal gezogen.

Neugierig beobachtete ich das rege Treiben der Sevas und Devotees.
Auf einmal wurde es ruhiger und es huschten nur noch vereinzelt Devotees in die Halle.

Eine erwartungsvolle Spannung lag in der Luft.
Es war eine ganz eigene Stimmung. Zunächst das nervöse und vibrierende Warten. Dann der Moment, wo einige merkten, jetzt passiert etwas.
Und schon sprang der Funke über. Wie ein Lauffeuer verbreitet sich dieses nicht bestimmbare "Wissen" durch die Reihen. Alle wurden davon erfasst.
Aufmerksam und konzentriert warteten wir auf den einen Moment:

Zurückhaltend und leise setzte die typische indische Musik eines Harmoniums ein. Dann schritt Sai Baba in seinem orangefarbenen, langen Gewand gekleidet und barfüßig über einen roten Teppich durch den Seiteneingang der Frauenseite in die Halle. Er blickte mit Liebe auf seine „Schäfchen", beugte sich zu dem ein oder anderen herab, nahm Briefe von seinen Devotees entgegen, die sich voller Verzückung in ihrem Lotussitz vor ihm verbeugten, ihm die Hände entgegen zu strecken versuchten, um ihm noch näher zu kommen.

Währenddessen sangen wir voller Hingabe Bhajans, um Sai Baba zu ehren. Diese Bhajans sind Sanskritlieder, ähnlich unseren Kirchenliedern, nur eben auf indisch.

Sai Baba schritt über die wenigen mit rotem Teppich ausgelegten Stufen zu seinem thronähnlichen, dunkelrot gepolsterten und vergoldeten Sessel und nahm dort würdevoll Platz. Um ihn herum waren große Gestecke mit exotischen Blumen platziert. Und so saß Sai Baba erhaben vor uns und erfreute sich an den Gesängen und der Andacht. Er sang manchmal mit, lächelte dann wieder und segnete mit einer entsprechenden Handgeste seine Devotees.

Diese Zeremonie fand zweimal täglich als Morgen- und Abenddarshan statt.

Nach einer Stunde schritt Sai Baba wieder, wie er gekommen war, durch die Halle hinaus.

Der Darshan war vorbei.

Es war ein herrliches Gefühl, bei dem Darshan gewesen zu sein und mit hunderten von Menschen in einer solchen Verbundenheit gesungen zu haben.

Nach einer Weile lösten sich die fein geordneten Reihen auf und die Devotees passierten die Ausgänge und verteilten sich dann auf dem weitläufigen Ashramgelände wie Ameisen, die ihren Ameisenhügel verlassen hatten.

Fröhlich versunken in das Erlebte streifte ich über das Ashramgelände und nahm aus einem Gebäude durch die weit geöffnete Tür ein geschäftiges Treiben wahr. Es hörte sich wie Teller- und Besteckklappern an.
Neugierig ging ich den Stimmen und dem Klappern nach und landete in der Spülküche. Hier waren Pilgerinnen aus Bhutan damit beschäftigt, ehrenamtlich die Gemeinschaft durch Mitarbeiten zu unterstützen (Seva), indem sie Geschirr abwuschen und abtrockneten, wie sie mir erzählten als wir uns begrüßt hatten.
In völlig gelöster Atmosphäre wurde hier mit einem zufriedenen Lächeln gearbeitet.

Auf meine Frage, ob ich vielleicht mithelfen könne, wurde ich freundlich mit einem mehr oder weniger trockenen Küchenhandtuch ausgestattet und schon war ich Teil des Abtrocknens der riesigen Geschirrberge, die noch vom Mittagessen stammten. In der geschäftigen und stummen Eintracht des Abtrocknens verging die Zeit wie im Flug.

Nachdem hunderte von Geschirrteilen abgetrocknet und wieder verstaut waren, verabschiedeten wir uns herzlich. Als ich um sechs Uhr aus der Spülküche trat, war es draußen schon stockdunkel.

Noch heute habe ich das Gefühl, dass die Sonne nahe dem Äquator nicht untergeht, sondern ausgeknipst wird. Es wird nahezu schlagartig dunkel.

Zufrieden schlenderte ich durch das Eingangstor des Ashrams zurück zu unserem Hotel, wo ich der kranken und im Bett liegenden Ela begeistert von meinen Erlebnissen berichtete.

Gemeinsam freuten wir uns auf unsere Zeit in Puttaparthi.

Am nächsten Morgen standen Ela und ich schon zum Sonnenaufgang auf und gingen einträchtig zum Ashram. Natürlich hatten wir nicht mehr die Sorgen des stundenlangen Anstehens, da wir den tags zuvor von mir ausgekundschafteten Eingang nutzen wollten.

Wir hatten für unseren ersten Darshan unsere in Bangalore gekauften, aus weißem Baumwollstoff gewebten

Salwar Kameez angezogen. Diese indische, traditionelle, weibliche Bekleidung besteht aus einer weit geschnittenen Hose, einem knielangen Kleid und dem dazugehörigen Stoffschal, den man sich um die Schultern legt und deren Enden dann am Rücken locker fallen.

Schon nach kurzer Zeit und ohne Anstehen saßen wir gespannt in der Gebetshalle und spürten den feuchten und kühlen Luftzug, der erfrischend durch die Halle in den frühen Morgenstunden herein wehte.

Hunderte von Devotees hatten sich ebenfalls vor Aufgang der Sonne auf den Weg gemacht, um hier den Tag mit Sai Baba zu beginnen und seinen Segen zu empfangen.

Manche dösten noch vor sich hin, waren noch gar nicht richtig wach. Andere meditierten schon. Ich beneidete sie um ihre Fähigkeit, im Lotussitz inne zu halten, die Lippen leicht geöffnet, die Augen entspannt geschlossen - auf ihr Inneres konzentriert. Wieder andere schauten sich um, teilweise ziellos, und ihre Blicke blieben hin und wieder an bekannten Gesichtern oder auffallenden Charakteren haften.

Ich selbst war aufgeregt und voller Erwartung. Unruhig rutschte ich hin und her, um die richtige Sitzhaltung auf diesem kalten und harten Steinboden zu finden. Links neben mir Ela, die in sich versunken war und rechts neben mir eine andere Frau, die in ihrem Bhajan-Buch die Lied- und Gebetstexte las.

Dann setzte wieder das Harmonium ein, das von unserem Gesang begleitet wurde. Durch einen Blick auf die Seiten der Nachbarinnen wussten auch wir, welche Lieder nun gesungen wurden und konnten mit unseren im Hotel gekauften Büchern einstimmen. Sai Baba schritt würdevoll durch die Reihen und nahm auf seinem Sessel Platz. Genau wie am Vortag.

Es war ein eigenartiges Gefühl, wenn er die Halle betrat. Sofort verwandelte sich die Stimmung und Energie des Raumes zu einer andächtigen, fröhlich-gelösten Stimmung und ich schwebte förmlich. Ich fühlte mich getragen und behütet und empfand eine nie gekannte innere Freude.
Ich fühlte mich selig im Glück.

Dies war wohl die Energie, die Sai Baba einsetzte, um seine Devotees in höhere Bewusstseinszustände zu transformieren.

8. OM. Shanti - Shanti - Shanti!

Bei allen Darshans endete die Begegnung mit Sai Baba, indem wir alle gemeinsam chanteten (sangen):
„OM. Shanti - Shanti - Shanti!"
Wir beteten: „OM. Frieden - Frieden - Frieden!"

Es war immer ein sehr bewegender Moment für mich, wenn das OM durch die marmorne Halle klang und kraftvoll jeden erfasste. Das Chanten hatte eine immense Wirkung auf alle Anwesenden.

OM ist das Symbol der spirituellen Erkenntnis.
Es beinhaltet die höchste Gottesvorstellung, das formlose Brahman, welches jenseits aller Formen und Eigenschaften liegt. Durch den ersten Klang oder das erste Wort „OM" manifestierte sich das Universum. Und so heißt es im Johannesevangelium 1,1:

„Im Anfang war das Wort,
und das Wort war bei Gott,
und das Wort war Gott."

Dies ist die Kraft, die im katholischen Glauben als Heiliger Geist bezeichnet wird und den Kosmos durch ihre eigene Schwingung aufrecht erhält.

Durch das Meditieren auf das OM oder das Chanten dieser heiligen Silbe verbindet man sich mit dieser universellen Lebenskraft.

Wenn dann noch das Shanti - Shanti - Shanti folgte, hatte das Gefühl, als hätte sich mein Geist absolut beruhigt. Ich fühlte mich dann gesegnet und von einem nie zuvor erlebten, inneren Frieden durchdrungen.

9. Ashramalltag

Der Lebensrhythmus in einem Ashram ist ein eigenes Universum.

Früh vor Sonnenaufgang aufstehen, in der großen Speisehalle frühstücken und weiter zum ersten Darshan.
Dann Mittagessen und kurze Freizeit zur eigenen Verfügung bis der Nachmittagsdarshan beginnt.
Danach hat man wieder etwas Freizeit. Diese nutzt man für gewöhnlich zum Duschen, um sich dem Schweiß und Staub des Tages zu entledigen und dann dem Abendessen zuzuwenden.
Dann ist es auch schon Zeit schlafen zu gehen, um am nächsten Tag wieder frisch und fromm auf der Matte zu stehen.

Das indische Essen in der großen Speisehalle war rein vegetarisch und sehr schmackhaft. Auf Tabletts wurden Gemüse und Chutneys mit Reis in den typisch indischen silberfarbenen Metallschälchen und -schüsselchen angeboten.
An langen Tischen sitzend, versuchte man sich zu beeilen, damit auch andere Pilger noch Zeit zum Essen fanden. Aufgrund der Menschenmengen war natürlich jedes Essen in der Kantine mit stundenlangem Anstehen

verbunden, was bei den tropischen Temperaturen, besonders in der Mittagshitze und mit enormem Hunger, schon mal für den Kreislauf belastend sein konnte, so dass man neben der Sonne auch manchmal Sterne kreisen sah.

Auf dem Ashramgelände gab es für jedes Budget eine Möglichkeit zur Übernachtung. Wenn man nicht nachweisbar verheiratet war, wurde natürlich streng nach Geschlechtern getrennt - entweder in Schlafsälen ganz ohne Privatsphäre oder in Zwei- oder Vierbettzimmern.

Täglich reisten aus allen Herren Ländern neue Devotees an, um im Ashram das Weihnachtsfest zu feiern. Es war offensichtlich, dass der Ashram über Weihnachten und Silvester voll belegt sein würde. Ob Ela und ich als zwei Frauen dann ein Doppelzimmer für uns alleine zugewiesen bekommen würden, war mehr als unwahrscheinlich. Irgendwie mussten alle Pilger eine Schlafgelegenheit bekommen und sicherlich würden die Doppelzimmer vorrangig an verheiratete Paare vergeben. Da der Ashram also überfüllt sein würde, wäre an Ruhe und Erholung nicht zu denken gewesen. Schließlich standen die Frühaufsteher schon morgens um drei Uhr auf. Sie machten sich in den Gemeinschaftswasch- und Toilettenräumen auf den Fluren für den Tag fertig, um genug

Zeit zu haben, noch vor dem Darshan zu beten und zu meditieren.

Die Toiletten in Indien sind, wenn nicht gerade nach westlichem Stil konstruiert, ähnlich einem kleinen Duschbecken am Boden mit einem Loch in der Mitte, an dessen Seiten sich breitere Abstellflächen für die Füße befinden.
Wenn man Glück hat gibt es eine Wasserspülung, Toilettenpapier und eine Toilettenbürste.
Um keine bösen Überraschungen zu erleben, hatten Ela und ich immer Toilettenpapier in unseren Umhängetäschchen verstaut.
Neben dem Toilettenbecken befindet sich ein Wasserhahn in Kniehöhe. Darunter steht ein großer Wassereimer mit einem Plastikkrug. Mit diesem schöpft man Wasser aus dem großen Eimer um sich selbst zu reinigen und zum Abspülen des Toilettenbeckens. Das, zumeist nur von Touristen, verwendete Toilettenpapier wird in einem Eimer entsorgt, da es ansonsten zu Verstopfungen in den dafür nicht ausgerichteten Rohren führen kann.
Grundsätzlich wird für das hygienische Prozedere ausschließlich die linke Hand benutzt. Nun kann man sich auch erklären, warum diese Hand, wie auch in allen moslemisch geprägten Ländern, als unrein gilt.

Begrüßungen mit Handschlag, das Berühren mit der unreinen Hand, Essen mit der linken Hand anzubieten oder diese zum Essen zu benutzen ist ein absolutes "No go!"

Ela und ich schauten uns die Unterkünfte sowie die Gemeinschaftswaschräume und Toiletten skeptisch an. Nach dieser Besichtigung wogen wir die Vor- und Nachteile eines Umzugs in den Ashram aus unserem einfachen aber dennoch komfortablen Hotel mit schmackhaftem und schnell serviertem Essen gegeneinander ab.

Wir waren uns schnell einig.

Wir zogen nicht mit Sack und Pack in den wuseligen Ashram, sondern blieben in unserem ruhigen Hotel, wo wir unser Doppelzimmer mit eigenem Bad hatten und im dem im Erdgeschoss kleinen und ruhigen Restaurant unser leckeres vegetarisches Essen ohne vorheriges Anstehen einnehmen konnten.
Wenn wir zum Ashram gingen, schlüpften wir kurzerhand durch unseren VIP-Eingang und hatten Plätze in den ersten Reihen vor oder seitlich von Sai Baba.

Unser Pilgeralltag war, verglichen mit den im Ashram lebenden Pilgern, äußerst komfortabel und privilegiert.

10. Aufgeflogen

Wie jeden Morgen saßen Ela und ich einträchtig in der Gebetshalle und warteten auf den Beginn des Darshans. Doch plötzlich wurde es unruhig in der Nähe unseres Eingangs.

Eine ältere, spindeldürre Inderin mit streng gemeißeltem Gesicht gestikulierte dort mit autoritärem Nachdruck vor den Sevas. Sie gehörte zu den Sicherheitsdamen und schimpfte energisch mit ihren Mitarbeiterinnen, die eher gemächlich arbeiteten. Seit wir zu den Darshans gingen hatten wir diese respekteinflößende Dame noch nicht gesehen.

Ela und mir wurde sehr schnell klar, dass mit ihr ein ganz anderer Wind wehte. Sie hatte ihr Regiment im Griff.

Mit kritischem Blick sprach sie auf eine Securitylady ein und begutachtete dabei die Kontrollen am Eingang. Nachdem sie ihren Mitarbeiterinnen für alle hörbar mit Nachdruck erklärt hatte, wie sie sich einen gründlichen Sicherheitscheck vorstellte, marschierte sie geradewegs zu unserem Sitzblock und durchkämmte mit eiserner Mine und unerbittlichem Blick die Reihen. Plötzlich blieben ihre durchdringenden Augen an Ela und mir hängen - zwei völlig gesunde, junge Europäerinnen. Das konnte und durfte nicht sein. Wild gestikulierend forderte sie uns zum Aufstehen auf. Sie schimpfte lauthals auf uns in indisch ein.

Wir verstanden zwar ihre Worte nicht, aber es war unmissverständlich, dass wir gerade aufgeflogen waren. Ihre laute Stimme schallte durch die Marmorhalle und das geschäftige Treiben kam zum Erliegen. Es war, als wenn die Zeit angehalten worden wäre. Hunderte von Augenpaaren starrten uns entgeistert an.

Ich bat inständig: „Oh Boden tu´ dich auf!" Doch nichts geschah dergleichen, um elegant aus dieser überaus peinlichen Situation verschwinden zu können.

Mit eingezogenen Köpfen und schlechtem Gewissen verließen wir beschämt unsere Plätze und mussten auf Geheiß der strengen Ordnerin quer durch die Halle gehen, um dann durch den regulären Haupteingang der Frauen die Halle zu verlassen.

Unser VIP-Eingang mit dem Codewort "Second arch" war nach einer späteren Erklärung einer Pilgerin der Eingang für kranke und alte Menschen, weshalb der Durchlass zügig gewährt wurde.

Wer das Codewort nannte, war bereits von der obersten Ashram Verwaltung „gecheckt" worden.

Eine Woche hatte uns dieser „Express" Eingang vor dem frühen Aufstehen für den Morgendarshan und dem stundenlangen Anstehen in der sengenden Mittagshitze bewahrt. Immerhin.
Doch von nun an hieß es anstehen - wie für alle anderen auch.

Nach unserem peinlichen Auftritt hätten wir am liebsten einen Cognac zur Brust genommen. Doch in Ermangelung von Alkohol in Puttaparthi reichte es nur zu einem heißen Kaffee für Ela und einer kühlen Cola für mich in meinem Stammcafé, welches „Blue Café" hieß und in einer Seitenstraße nicht weit vom Eingangstor des Ashrams lag.

11. Freunde

Nachdem wir den ersten Schrecken unseres Rausschmisses aus der Halle im ruhigen Café verkraftet hatten, beschlossen wir, die Zeit bis zum Nachmittagsdarshan mit einer kleinen Shoppingtour durch die Läden an der Dorfstraße zu überbrücken, um unsere Nerven zu beruhigen.

Als wir voller Tatendrang auf die Straße gingen, regnete es in Strömen. Wir hatten alle Mühe, mit unseren Flip-Flops auf dem aufgeweichten und rutschigen Boden Halt zu finden. In Puttaparthi, wie auch sonst in Indien, waren nicht alle Straßen geteert. Weggeworfenes liegt auf den Wegen oder an der Straße und oft übersteigt man Abwasserrinnsale und -pfützen. Nach dieser rutschigen und nassen Erfahrung konnten wir nur zu gut verstehen, warum die Füße in Asien als unrein gelten. Für uns Europäer, die wir zumeist mit geschlossenen Schuhen über geteerte Straßen gehen, kann man sich dies nur schwer erklären.

Zudem bewegt man sich eher mühsam auf den Straßen Indiens. Die Bürgersteige sind unterschiedlich hoch und werden immer wieder durch Treppenstufen von höher gelegene Häuser oder Ladenlokale unterbrochen. Das Straßenbild sieht aus wie eine riesige Patchwork Decke, die an manchen Stellen notdürftig ausgebessert wurde oder auch mal Löcher aufweist. Löcher in den Straßen und auf den Bürgersteigen sind an der Tagesordnung. Gerne versinkt man mit einem Fuß oder einem Bein darin und kann sich dabei üble Verletzungen zuziehen. Außerdem ist noch lang nicht jeder Gully abgedeckt. Als „Hans guck in die Luft" kann man zwar unzählige, herrlich abenteuerlich verlaufende Stromkabel bewundern, die an, über und neben den Häusern scheinbar wirr verlaufen. Aber es ist Vorsicht geboten und man muss schon ganz genau schauen, wohin und auf was man tritt. Für ältere gebrechliche, seh- und gehbehinderte Menschen ist dieses ständige Auf- und Absteigen eine anstrengende und gefährliche Tortur.

Nachdem wir schon vier Stoffläden besucht hatten, beschlossen wir, uns nun den Schmuckgeschäften zuzuwenden und so betraten wir einen kleinen Laden an der Hauptstraße. Ich war völlig hingerissen von dem schönen Schmuck, der in den Glasvitrinen ausgestellt war.

Als ich die vielen Ohrringe, Ketten, Ringe und Armreifen bewundert hatte, blieben mein Blick und mein Herz an einem goldfarbenen Anhänger kleben.

Es war ein runder Anhänger, den ich mir von einem bärtigen Kaschmiri, der sich mit Ahmed vorstellte, überreichen ließ. Der Anhänger sah wie eine goldene Taschenuhr aus. Auf der Rückseite war die heilige Silbe OM eingraviert und unter dem gewölbten Glas der Vorderseite war eine fein gearbeitete Figur in silberner und kupferner Farbe eingearbeitet.

Sie zeigte Gott Ganesha, der einen Elefantenkopf mit einem menschlichen Leib hat. Der Legende nach wünschte sich die Göttin Parvati ein Kind, während ihr Gatte, Gott Shiva, sich im Himalaya zur Meditation zurückgezogen hatte. So formte Parvati Ganesha als Menschen. Als Shiva viele Jahre später zurückkam, schlug er Ganesha den Kopf ab, der nicht mehr auffindbar war. Da Parvati ihn aufforderte, Ganesha wieder einen Kopf zu geben, versprach er den Kopf des ersten Wesens zu nehmen, welches ihm begegnen würde. Und dies war ein Elefant

Ich war sofort Feuer und Flamme, denn Ganesha ist der Gott der Weisheit und der Herr der Engelwesen, der alle Hindernisse beseitigt. Er bietet Schutz und begleitet den Übergang in neue Lebensstadien und bringt sie zu einem guten, erfolgreichen Abschluss.

Ich wollte diesen Anhänger unbedingt besitzen und ohne

großes Handeln kaufte ich ihn postwendend zusammen mit einer langen, goldfarbenen Kette.

Ich streifte mir die Kette mit dem Anhänger über. Sie passte sehr gut zu meinen in Goa gekauften Kreolen und so strahlte ich wie ein Kind zu Weihnachten über meinen Neuerwerb in die Runde. Mein zufriedenes Strahlen wurde von einem fröhlich lachenden Kaschmiri erwidert, der mir unverhohlen in die Augen blitzte. Er stelle sich als Bruder von Ahmed mit dem Namen Gul vor.
Gul erzählte spitzbübig in die Runde, dass ich ihm schon vor einigen Tagen auf dem Weg zum Ashram aufgefallen sei. Dabei schaute er mich verträumt mit seinen großen, braunen Augen an und lächelte mir mit seinen fein geschwungenen, vollen Lippen zu. Er war muskulös, aber trotzdem zart. Seine kurz geschorenen Haare unterstrichen sein feines, ausdrucksstarkes Gesicht.

Sein Bruder Ahmed hatte dunkelblonde Haare, trug einen kurz gehaltenen Bart und war ein Bär von einem Mann. Er hörte völlig gelassen den Ausführungen von Gul zu und schmunzelte amüsiert in sich hinein.

Damit war das Eis zwischen uns vieren endgültig gebrochen.

Ahmed bot uns Kaffee an, den er bei einem kleinen Jungen auf der Straße bestellte und schon saßen wir im Laden zu viert auf kleinen Stühlen. Als der Kaffee von dem Jungen hereingebracht wurde, waren wir schon sehr vertraut miteinander. Die beiden erzählten uns, dass sie aus Kaschmir stammen und hier den Laden zusammen betreiben würden, um ihre Familien in der Heimat zu ernähren. Ahmed war verheiratet und hatte zwei Kinder. Gul hingegen war noch ledig. Sie konnten ihre Familie nur zwei- oder dreimal im Jahr besuchen und lebten ansonsten in einem kleinen Zimmer hinter ihrem Laden. Sie berichteten uns auch, dass sie bereits einen Laden in Goa gehabt hätten, aber hier in Puttaparthi wäre es für sie aufgrund der vielen zahlungskräftigen Pilger weitaus rentabler.

Und so verging die Zeit wie im Flug. Als wir uns voneinander verabschiedeten, versprachen wir, dass wir am nächsten Tag wieder vorbeischauen würden, denn ihre Gastfreundschaft war umwerfend und die Gespräche mit ihnen waren spannend und interessant.

Und so schauten wir in den kommenden Tagen zweimal täglich bei den beiden vorbei - nach dem Morgendarshan und nach dem Nachmittagsdarshan.

Es wurde ein tägliches Ritual für uns und wir fühlten uns bei ihnen sehr wohl.

Wir hatten Freunde gefunden.

Eines Tages, nach dem Nachmittagsdarshan, winkten uns die beiden schon von weitem zu, als wir gemächlich die Dorfstraße hinab schlenderten. Als wir unsere Flip-Flops vor der Ladentür abstreiften und in den Laden huschten, verschlossen sie sofort die Türe hinter uns und zogen den Vorhang vor die Glastür.

Ahmed lächelte uns freundlich an und sagte, er und Gul hätten für uns ein kaschmirisches Gericht zubereitet.
Ela und ich freuten uns sehr über diese Einladung und so nahmen wir im Schneidersitz auf dem Teppich Platz und saßen im Kreis um den Kochtopf, der eine Art Eintopf enthielt. Es roch nicht nur wunderbar, sondern das Essen war absolut delikat. Es war eine Art Gemüseeintopf, den wir einträchtig mit Löffeln aus dem gemeinsamen Topf aßen.
Ela und ich achteten dabei darauf, uns züchtig im Schneidersitz zu präsentieren und unseren Freunden nach asiatischer Sitte nicht unsere Füße und Fußsohlen entgegen zu strecken, denn daraus entströmt nach deren Glauben die negative Energie. Auch aus diesem

Grunde gelten die Füße als unrein, wozu das Laufen mit Flip-Flops auf staubigen oder nassen Straßen natürlich sein Übriges tut.

Wir redeten miteinander über Gott und die Welt, wobei es Gul im Laufe des Gesprächs doch geschickt geschafft hatte, sich ganz dicht neben mich zu setzen. Er flüsterte mir in mein rechtes Ohr, dass es hinter dem Laden ein Badezimmer geben würde. Schön. Und? Was wollte er mir sagen?

Ich verstand nur Bahnhof, beziehungsweise Badezimmer.
Er ereiferte sich in den Ausführungen über die herrliche, warme Dusche. Und wie er sich nun schon seit Tagen ausmalen würde, wie toll es doch sein würde, wenn er und ich zusammen duschen würden.

Wie bitte? Während Ela und Ahmed sich nun über Kaschmir austauschten, war Gul in verbalen Duschorgien vertieft. Oh je. Wie sollte ich dem vom gemeinsamen Duschen träumenden Gul, der durchaus charmant und attraktiv aussah und mich mit seinem verträumten Dackelblick anschaute, verständlich machen, dass es kein gemeinsames Duscherlebnis geben würde?

Langsam wurde es mir etwas unbehaglich. Wie sollte ich aus dieser Duschnummer rauskommen ohne dass unsere Freundschaft auf eine harte Probe gestellt werden würde?

Hilfesuchend blickte ich zu Ela und Ahmed und wollte elegant in deren Gespräch einsteigen.

Und so schlich ich mich in deren Gespräch mit dem Satz ein: „Kaschmir ist ja ein tolles Land und ich würde so gerne mal den Tempel von Amritsar besuchen!"

Ahmed nahm meinen Satz auf und schwärmte mit Heimweh, Sehnsucht und Stolz von seiner Heimat und dem Tempel von Amritsar. Er erzählte uns, wie er und Gul als Kinder dort aufgewachsen waren. Dass ihre Familie dort ein Hausboot hätte, mit dem sie auch romantische Touren für Hochzeitsreisende anbieten würden, wenn sie es nicht selbst nutzen würden. Ahmed machte den Vorschlag, dass ich mit Gul Amritsar besuchen könnte, denn Gul als Einheimischer wäre für eine blonde Europäerin der ideale Schutz.

Und schon hakte sich Gul geschickt in Ahmeds Ausführungen ein und erzählte mir von allerlei wild romantischen Ausflügen, die wir zusammen in seiner Heimat erleben könnten. Hierbei wäre der beste Einstieg für eine solche Reise das gemeinsame Duschen.

Da waren wir also wieder. Alles auf Anfang.

Ich erklärte Gul mit einer Engelsgeduld und einem freundlichen, aber unverbindlichen Lächeln, dass ich mich außer Stande sähe mit ihm - entgegen aller Gepflogenheiten des Landes, der Sitte und Moral - Duschorgien in Puttaparthi zu feiern.
Ja, auch wenn er mich ganz zärtlich einseifen würde.

Ahmed schaltete sich ein und pfiff Gul mit ernsten und strengen Blicken zurück.

Etwas geknickt, wechselte Gul das Thema und erzählte uns, wie er seine Familie vermissen würde. Dabei schaute er sehr traurig in die Runde. Gul war für mich ein Geheimnis. In einem Moment konnte er wie ein kleiner Junge schauen und spitzbübisch lächeln. Dann wirkte er so jung und unbeschwert. Wenn er aber über seine Familie oder seine Heimat sprach, war sein Blick voller Traurigkeit und Wehmut und mir schien es als würde er vor Kummer zerfließen.

Dann schwenkte Ahmed wieder zu leichten und lustigen Themen über.

Es war mittlerweile spät geworden.

Wir dankten Gul und Ahmed für das wunderbare, schmackhafte Essen, ihre Gastfreundlichkeit und verabschiedeten uns herzlich von unseren Freunden.

12. Stummes Leiden

Ela und ich waren westliche Touristinnen und bewegten uns völlig frei und ohne männliche Begleitung in Indien. Unsere Besuche bei Gul und Ahmed waren für uns völlig normal. Gul und Ahmed kannten durch ihre Händlertätigkeit viele Touristinnen aus den USA und Europa. Auch für sie war es nicht ungewöhnlich, mit uns befreundet zu sein.

Das traditionelle Leben von indischen Mädchen und Frauen sieht jedoch ganz anders aus.
Obwohl Indien eine Demokratie ist und Männer und Frauen laut der Verfassung gleichgestellt sind, liegen Theorie und Praxis - wie so oft - weit auseinander.

Mädchen und Frauen werden von ihren Vätern, Brüdern, Ehemännern und Söhnen beschützt, aber auch dominiert.

Wie wichtig ein männlicher Stammhalter ist, zeigen die traditionellen Gebete der Priester für Schwangere, die mit dem Satz enden: „Ich wünsche dir einen gesunden Sohn."
Erst durch die Geburt eines Sohnes erlangt eine Frau eine gesellschaftliche, familiäre Bedeutung. Nun sind der

Fortbestand und die Versorgung der Familie gesichert sowie die Altersversicherung der Eltern gewährleistet.

Doch zunächst gilt es, die Mädchen als Jungfrau gut zu verheiraten.

Die traditionsbewusste Familie wacht über die Unversehrtheit und Schamhaftigkeit der Mädchen mit Einsetzen der Pubertät. Sie müssen sich dann weitestgehend im Haus aufhalten. In der Öffentlichkeit dürfen sie sich nur in Begleitung eines männlichen Familienmitgliedes zeigen. Lediglich auf dem Schulweg sieht man sie in größeren Mädchengruppen.

Der Gehorsam der Mädchen und jungen Frauen gegenüber ihren Vätern und Brüdern ist dabei Teil der Erziehung und Kultur. Ihre Eltern versuchen, den passenden Ehemann innerhalb ihrer Kaste zu finden, damit sie einen männlichen Beschützer und Ernährer haben.

Ein romantisches Kennenlernen als Verliebte, wie es in unseren westlichen Ländern gelebt wird, gibt es selten. Von einem offenen, sexuellen Umgang ganz zu schweigen.

Der Widerspruch gegen das Arrangieren einer Hochzeit durch die Eltern gilt als respektlos. Dabei fällte dem Brautpreis, den die Brauteltern in Abhängigkeit von ihrer Kastenzugehörigkeit und ihrem Vermögen an den Bräutigam zahlen, ein großes Gewicht zu. Er ist eine gesellschaftliche Verpflichtung und spiegelt die Familienehre wider. Ärmere Familiensippen sparen sich deshalb den Brautpreis sprichwörtlich vom Munde ab. Manchmal treibt er sie sogar in den Ruin.

Der Brautpreis und seine Braut gehen traditionell nach der Hochzeit in den Haushalt des Ehegatten über. Somit mehrt der Ehemann seinen Besitz durch die Brautmitgift und bekommt durch die Ehefrau seinen Stammhalter geboren. Zudem arbeitet die Ehefrau im Haushalt und steht im Rang unter seiner Mutter.

Eltern von Mädchen müssen demnach vom Tag der Geburt an sparen, um sie später adäquat verheiraten zu können und sie dann in die Familie des Bräutigams abzugeben. Diese Tradition führt oftmals dazu, dass Mädchen nur als Kostenfaktor gesehen werden und deshalb schlechter behandelt, ernährt, medizinisch versorgt oder ausgebildet werden.

Selbst Abtreibungen von weiblichen Föten nach an sich illegalen Geschlechtsbestimmungen mittels Fruchtwasseruntersuchungen oder Ultraschall sowie das Aussetzen von weiblichen Neugeborenen finden statt. Es kommt sogar vor, dass Frauen gegen ihren Willen zur Abtreibung gezwungen werden oder der Abgang des Ungeborenen durch gezielte Gewalteinwirkungen gegenüber der Schwangeren provoziert wird.

Um ihr Ungeborenes zu schützen bleibt manchen Frauen nur die Flucht aus ihrem vermeintlichen Zuhause.

Nach einer solchen Flucht gilt die Mutter als eine von der Familie Verstoßene. Es obliegt ihr dann alleine, ihr Mädchen ohne männlichen Beschützer und ehelichen Status durchzubringen.

Aufgrund dieser illegalen Praxis von geschlechtsabhängigen Abtreibungen gehört Indien zu den wenigen Ländern neben China, in denen mehr Männer als Frauen leben.

Der Status einer Frau liegt somit unter einem Mann.

Somit wird Gewalt gegen Mädchen und Frauen landläufig als normal und üblich empfunden.

Vergewaltigungen werden oftmals als Kavaliersdelikt abgetan.

In Indien wird circa alle zwanzig Minuten eine Frau vergewaltigt. Die Gesetze gegen Vergewaltiger, insbesondere nach der Vergewaltigung einer Studentin durch sechs Männer in Neu-Delhi im Jahr 2012, wurden verschärft. In besonders schweren Fällen wird seitdem sogar die Todesstrafe verhängt.

Die Vergewaltigung in der Ehe ist jedoch weiterhin straffrei. Die Opfer schweigen zumeist aus Angst und Scham, um sich und die Familienehre nicht zu beschmutzen. Nicht selten wird ihnen von ihren Tätern oder deren Familien mit Angriffen auf Leib und Leben oder das ihrer Familienangehörigen gedroht, falls sie die Straftat zur Anzeige bringen.

Häusliche Gewalt hat in Indien wie in anderen Ländern viele Formen. Die perfideste ist wohl, das unzufriedene Ehegatten oder solche, die nach der Hochzeit erfolglos noch ein weiteres Brautgeld fordern, sich ihrer Ehefrauen durch vorgetäuschte Haushaltsunfälle entledigen, um eine neue Ehe eingehen zu können. Sie manipulieren beispielsweise Gaskocher oder attackieren ihre Frauen mit Säure. Als Reaktion zum Schutz der Frauen gegen diese Säureattentate wies das höchste indische Gericht die Politik an, schärfere Gesetze für den Verkauf von Säure zu erlassen.

Der öffentliche Protest vieler Inderinnen und Inder gegen die Gewalt gegenüber Mädchen und Frauen bahnt sich jedoch immer mehr seinen Weg.
Ein gesellschaftliches und politisches Umdenken findet statt.

Ein Überdenken der Traditionen wie der Brautpreis und das Kastenwesen sowie flächendeckende staatlich geförderte Bildung für Mädchen und Jungen könnten der verfassungsrechtlich garantierten Gleichberechtigung von Mann und Frau Leben einhauchen.

So könnte das äußerlich moderne Indien auch innerlich zu mehr Gerechtigkeit und Frieden kommen.

13. Beobachtungen

Jeder versuchte, Sai Baba bei seinen Darshans möglichst nahe zu kommen und von ihm all das zu erhalten, wonach er sich sehnte.

So hatte man die Möglichkeit, Sai Baba entlang seines Gehweges in der Halle vor oder nach dem Darshan einen persönlichen Brief mit Wünschen und Bitten zu überreichen. Bei jedem Darshan sammelte Sai Baba unzählige dieser Briefe ein.

Eine weitere Möglichkeit war der Besuch des Mandirs (Tempels), der sich innerhalb der Gebetshalle hinter Sai Babas Thron befand. Nach den Darshans konnte man versuchen, schnell in diesen Tempel zu gelangen. Doch der Platz war begrenzt. Nur etwa zweihundert Devotees fanden hier die Gelegenheit nach den Darshans im „familiäreren" Kreis mit Sai Baba weitere Bhajans zu singen und zu beten. Dabei hatte man die Chance, von Sai Baba zu einem Privatinterview ausgewählt zu werden.

Aufgrund unserer anfänglich guten Platzierungen durch den VIP-Eingang eilten wir nach den Darshans schnell zum nahe gelegenen Tempeleingang und hatten mehrfach die Gelegenheit, an diesen Treffen im kleinen Kreis teilzunehmen.

Jedoch das Überreichen eines Briefes oder sogar eine Privataudienz blieben Ela und mir verwehrt.
Somit konnte ich leider nicht auf Sai Babas Aufforderung: „Bleib so lange hier, bis ich dir sage, dass du gehen kannst" als Ausrede für einen längeren Aufenthalt zurück greifen. Es gab zwar schon so manchen seiner Devotees, den wir kennen gelernt hatten und der uns dies erzählte, aber ich bekam diesen Satz nicht von ihm zu hören.

Ich fühlte mich in Puttaparthi so glücklich und beschwingt, wie nie zuvor. In mir wuchs der Wunsch immer stärker, die Lehren Sai Babas zu studieren und umzusetzen und meinen Frieden in Prashanti Nilayam, dem Ort des höchsten Friedens, zu finden.
Aber vielleicht war das Erschleichen einer guten Position zu den Darshans und den Zeremonien im Tempel schon die Konsequenz für das Ausbleiben der Briefübergabe und einer Privataudienz.

So wird es doch allgemein gesagt:
„Du sollst mit Deinem Gott nicht handeln."
Oder trivialer:
„Vor den Erfolg haben die Götter den Schweiß gesetzt."

Vielleicht gehört eben dieses „sich Zeit nehmen" und sich mit seinen Wünschen und Bedürfnissen zurückzunehmen zu dem großen Geheimnis der Heilung.
Es ist für Gott nur Platz, wenn man sein Ego ausgeräumt hat.

Ich fragte mich, ob dieser Wunsch, Sai Baba nahe zu sein und daran mein Wohl und Heil zu knüpfen, überhaupt von Gott gewollt ist.
Gott ist doch allgegenwärtig.
Ich befand mich in einem inneren Konflikt.

Wurde ein erwachsener Mensch hier nicht unmündig wie ein Kind, das seinem Vater bedingungslos gehorcht und um seine Aufmerksamkeit und Zuneigung bittet und bettelt?

Die Darshans waren für mich berauschend wie eine Droge.
Ich stand früh auf, um wartete dann stundenlang auf dem hartem Marmorboden auf den einen Moment: Sai Baba kommt!

Was trieb mich und all die anderen dazu, all dies auf sich zu nehmen?
Manche lebten schon seit Jahren an diesem entlegenen

Ort, wie zwei Amerikanerinnen, die sich ein Apartment gekauft hatten und hier ihre Rentenzeit verlebten. Natürlich konnten sie sich von ihren schmalen Ersparnissen eine Haushälterin leisten und im Gegensatz zu manch einem Inder in einem gewissen Wohlstand leben. Doch sie waren von ihren Familien und Freunden zu Hause getrennt und lebten in einer fremden Kultur. Im Vergleich zu einem Leben in den USA doch sehr spartanisch und armselig.

Immer öfter schob sich der Gedanke in mein glückliches, aber dennoch künstliches Leben in Puttaparthi, dass die Lernaufgabe für mich darin bestand, mündig zu werden und auf mich selbst zu vertrauen. Mein Leben selbst in die Hand zu nehmen und mein eigenes Lebensglück zu finden und diesen von mir ausgesuchten Lebensweg dann konsequent zu gehen.

Ich fragte mich: „Was ist dieses Leben in Puttaparthi für mich? Vielleicht nur Flucht vor der eigenen Verantwortung für mein Leben?"

Eines Abends lernte ich eine abgemagerte, junge Deutsche in einem Restaurant kennen. Sie saß mir mit ihren dunklen langen Haaren und in ihrem blauen Sari gegenüber. Sie wirkte unendlich müde und erschöpft – körperlich und seelisch.

Ich beobachtete sie verstohlen und irgendwann sprach sie mich an, ob ich nicht zu ihr an den Tisch kommen wolle. Als wir ins Gespräch kamen, erzählte sie mir, dass sie seit Monaten in einem kleinen Appartement wohnte und von ihren Ersparnissen als Stewardess lebte. Sie hatte gerade die Beziehung mit ihrem Freund beendet, nachdem er sie in Puttaparthi besucht hatte. Er war wieder nach Deutschland zurückgekehrt. Nach ein paar Wochen merkte sie, dass sie von ihm schwanger war. Mittlerweile hatte er in Deutschland jedoch eine neue Liebe gefunden und sie war nun allein und schwanger in Puttaparthi.

Sie tat mir unendlich leid.

An dem Abend ging ich sehr betrübt zu Ela ins Hotel zurück. Tage später erfuhr ich, dass diese junge Frau starken Durchfall und hohes Fieber bekommen hatte. Wahrscheinlich war sie durch schmutziges Wasser an der Ruhr erkrankt war.

War das nun ihr Lohn für ihr Ausharren in Puttaparthi?

Vielleicht sollte ich meinem Herzen folgen, nachdem ich mich ehrlich geprüft hätte, ob ich Puttaparthi und Sai Baba für mein Seelenheil benötigte.

Wenn ich aber in Puttaparthi bleiben und diesen Weg

gehen würde, sollte ich auf keine Belohnung spekulie-
ren. Vielmehr besteht wohl die Kunst des Lebens darin,
sein Leben in Freude und Dankbarkeit im Jetzt zu leben
und das Leben jederzeit und in allen Facetten anzuneh-
men.

In der Bhagavad-Gita, eine der zentralen Schriften des
Hinduismus aus dem vermutlich fünften oder zweiten
Jahrhundert vor Christus, gibt es den Hinweis:

„Handle,
ohne an den Früchten deiner Handlung zu hängen."

So hat es auch Gandhi gehalten. Doch von diesem Bewusstsein war ich meilenweit entfernt. Mein Aufenthalt
hier glich eher einem Laienspiel.

14. Begrüßung auf indisch

Puttaparthi war eine andere Welt im Vergleich zu den normalen indischen Kleinstädten. Neben dem normalen Leben mussten hier zeitweise tausende von Pilgern beherbergt, bekocht und mit allem Nötigen versorgt werden.
Dies führte bei vielen Bewohnern zu einem guten Auskommen.

Das indische Dörfchen, welches zu einem gewissen Wohlstand durch die vielen Pilger gekommen war, wurde auch im Straßenbild von den vielen Devotees aus allen Herren Ländern und deren Begehrlichkeiten geprägt. Sie versuchten, auch außerhalb des Ashramgeländes die Lehre von Sai Baba zu leben und so zogen sie sich traditionell indisch an, ernährten sich vegetarisch und verzichteten auf Alkohol und sonstige westliche, lockere Umgangs- und Lebensarten. Bei allen Begrüßungen und Verabschiedungen verwendeten die Pilger und die Bewohner von Puttaparthi den Sai Baba Gruß „Sai Ram".

Üblicherweise begrüßt man sich in Indien jedoch mit den Worten „Namasté", was bedeutet: „Ich verbeuge mich vor Dir". Es muss dabei nicht Namasté gesprochen werden, sondern die Geste reicht aus. Dabei werden die

Handflächen aneinander in Höhe des Herzens oder je nach Grad der Ehrerbietung an die Stirn gelegt.

Mahatma Gandhi soll auf die Frage von Albert Einstein, was er mit Namasté ausdrücken wollte, erwidert haben:

„Ich ehre den Platz in dir,
in dem das gesamte Universum residiert.
Ich ehre den Platz des Lichts, der Liebe, der Wahrheit,
des Friedens und der Weisheit in dir.
Ich ehre den Platz in dir,
wo, wenn du dort bist und auch ich dort bin,
wir beide nur noch eins sind."

„Sai Ram" hingegen grüßt mit „Sa" den universellen Vater und in „Ai" die universelle Mutter. „Ram" beinhaltet „Ra", das Prinzip des Feuers, welches alles zu Asche werden lässt und „Ma", welches für die Illusion (Maya) steht.

Mit „Sai Ram" wird als die universelle Göttlichkeit gegrüßt und die trennende Illusion, der wir in der Welt unterliegen, zerstört.
„Sai Ram" erinnert aber auch an die Göttlichkeit, die sowohl in uns und dem anderen gleichermaßen enthalten ist und uns zu dem Einen, dem Göttlichen, verbindet.

Mit dem Gruß nimmt man nicht nur Kontakt zu dem Körper des anderen auf, sondern zu seinem Göttlichen.

Für Ela und mich wurde „Sai Ram" zu einer gebräuchlichen Formel für alle Umstände des Lebens: Als Morgengruß, als Gute-Nacht-Wunsch oder wenn wir uns guten Appetit wünschten.

15. Hotelalltag

Die Eigentümerin unseres Hotels war eine verheiratete Inderin mit zwei Kindern. Ihr Name war Lakshmi.

Nach der Bhagavad-Gita war Lakshmi die Gefährtin von Ganesha, dem Elefantengott, und galt als Göttin des Wohlstandes.

Lakshmi machte ihrem Namen alle Ehre, denn als Eigentümerin dieses Pilgerhotels konnte sie sich stets einem regen und nie versiegenden Strom von neuen Gästen erfreuen. Sie war eine zierliche Person, die immer in einem Sari gekleidet war. Ihre schwarzen, glänzenden Haare waren traditionell zu einem dicken Zopf geflochten. Sie strahlte etwas sehr elitäres und gebildetes aus und überwachte mit Argusaugen die Geschicke ihres Hotels.

Ihre rechte Hand war Mr. Prasad, der erste Mann an der Rezeption. Er hielt das Hotelleben am Laufen und löste die kleinen und großen Probleme der Hotelgäste mit ruhiger Hand.

Und so überreichten Ela und ich ihm eines Morgens zwei Tüten mit unserer Unterwäsche, damit er diese an eine

Wäscherei weiter gab. Als er die Tüten entgegen nahm, sagte er, er würde uns morgen die Wäsche wieder gewaschen und gebügelt ins Zimmer legen. Als wir uns gerade von ihm verabschiedeten und in Richtung Hotelausgang schlenderten, bemerkten wir jedoch noch aus den Augenwinkeln, dass er die Tüten aufmachte und die Wäschestücke zum Zählen heraus nahm und sie dann auf die Rezeptionstheke fallen ließ. Danach verstaute er die gezählten Wäschestücke wieder in den Tüten.

Ela und ich schauten uns peinlich berührt an. Ela meinte verlegen: „Wenn ich das gewusst hätte, hätte ich die Unterwäsche lieber selbst im Waschbecken gewaschen."

Ich sagte ihr: „Jetzt können wir es nicht mehr rückgängig machen. Wahrscheinlich ist das ganz normal für ihn. Die haben hier andere Maßstäbe."

Dann spazierten wir etwas irritiert aus dem Hotel und erkundeten den Ort.

Bei diesem Spaziergang konnten Ela und ich dann sehen, wie viel Mühe das Waschen machte. Nichts mit: Ladeklappe der Waschmaschine auf und Wäsche rein, bisschen Pulver dazu und schon geht es rund.

Hier war alles mühselige Handarbeit.

Die Wäscherinnen schleppten die Berge von Schmutz-wäsche in große Tücher geschlagen an den Fluss. Sie hockten dort in der prallen Sonne und schrubbten die Wäsche, indem sie ihr mit Steinen kreisend oder mit Stöcken prügelnd zu Leibe rückten. Dazwischen wurde immer wieder Seifenpulver auf die Stoffe gerieben. Ein immer gleicher Rhythmus zwischen Schrubben, Auswa-schen, Einseifen wurde schier endlos wiederholt bis un-ter ihren prüfenden Blicken die Wäsche sauber war und zum Trocknen auf dem Boden ausgebreitet wurde.
Es war Schwerstarbeit.

Das Bügeln wurde zumeist von Männern übernommen. Hierzu benutzten sie mit Kohle geheizte Bügeleisen. Da-bei hieß es aufpassen, denn die Hitze war nicht regulier-bar wie bei einem Elektrobügeleisen. Die Bügler hatten es genau im Gefühl, welche Hitze welches Kleidungs-stück brauchte und wann wieder heiße Kohle nachgefüllt werden musste.

Die Wäsche kam nach dem anstrengenden Waschen und routinierten Bügeln wieder in den Umlauf zu Mr. Prasad oder zu den anderen Herren, die sie dann an ihre Besit-zer aushändigten.

Damit jedes Wäschestück wieder den Weg zu seinem Besitzer finden konnte wurde es mit farbigen kleinen Bändchen gekennzeichnet.

Noch lange Zeit nach unserer Reise schmunzelte ich, wenn ich die Wäsche morgens schlaftrunken aus dem Schrank holte und dann ein kleines Bändchen daran sah, welches ich wegen der Nostalgie nicht entfernen wollte.

In der Zwischenzeit rückte das Weihnachtsfest und damit natürlich auch Elas Geburtstag am Heiligen Abend immer näher. Man konnte die Spannung und Erwartung der Devotees spüren.
Viele, genau wie wir auch, waren zu Weihnachten in den Ashram gekommen, um das Weihnachtsfest - das Fest der Liebe - mit Sai Baba zu feiern.

Die Devotees im Ashram, die dem handverlesenen Kreis des „Inner Circle" angehörten, studierten Lieder, ein Krippenspiel und weitere Darbietungen ein, die dann am Festtag zur Ehre und Freude von Sai Baba und dem Publikum aufgeführt werden sollten.
Dass ein großes Fest bevorstand, merkte man an dieser allseits wahrzunehmenden Geschäftigkeit und Spannung, die in der Luft lag. Auch die Gebetshalle veränderte sich mit jedem Tag. Sie wurde immer mehr herausge-

putzt und für das große Fest mit Gestecken, Pflanzen und Girlanden geschmückt.

Um auch uns adäquat auf das Weihnachtsfest einzustimmen, sollte auch unser Hotelzimmer einen Glanz von Weihnachten erhalten.

Hotelzimmer in Indien, wenn sie nicht gerade einer internationalen Hotelkette angehören und somit nach westlichem Standard eingerichtet sind, können nicht unbedingt mit dem Begriff Geborgenheit in Verbindung gebracht werden.
Orientalischer Luxus, überschwängliche Farbenpracht und Ausstattung ist hier eher Fehlanzeige.
Vielmehr entspricht das Einrichtungskonzept dem Motto: "Back to the roots" und ist durch puritanische Schlichtheit geprägt.

So war auch unser Hotelzimmer eher praktisch und nüchtern eingerichtet - also dekorativ reizlos.
Wir hatten ein kleines Bad mit Waschbecken, Spiegel, Dusche und sogar westlicher Toilette. Der Wassereimer mit Pöttchen unter dem kleinen kniehohen Wasserhahn durfte natürlich nicht fehlen.
Hier, wie so oft, bestand die Dusche aus einem Duschkopf mit langem Brauseschlauch, der kurzerhand über

die Kalt- und Warmwasserhähne gehängt wurde und für den Freestyle Duscheinsatz in der Hand des Duschers weilte. Eine Duschwanne gab es nicht, weshalb man auch nach dem Duschen noch die Gelegenheit hatte, auf dem nassen Fussboden das „Salto mortale" schlagen zu können. Als Wasserablauf diente ein mit einer schmucklosen Metallabdeckung versehenes Loch im Boden.

Das Duschwasser kam, wie in Asien so oft anzutreffen, aus einem großen Wassertank. Dieser stand auf dem Flachdach des Hotels und die Sonne heizte das Wasser über Tag auf. Also versuchte jeder, einen günstigen Duschzeitpunkt mit warmem Wasser zu wählen.

Lange Duschorgien mit Haare waschen waren nur abends und vor dem großen Duschandrang aller anderen Hotelgäste möglich, da sich das Wasser im Tank tagsüber aufheizen konnte und der Tank noch voll war. Hatte man diesen günstigen Zeitkorridor verpasst, konnte man sich mit kaltem Wasser erfrischen. Auf jeden Fall duschte man dann schneller und somit Wasser sparend, was in dem wasserarmen Indien auch so sein sollte.

Der Boden unseres Hotelzimmers war gefliest und an der Decke hing eine erbarmungslos helle, aber wenig stimmungsvolle Neonröhre. Es gab zwei Betten, die durch zwei aneinander gestellte Nachtschränkchen getrennt waren. Ein niedriger, nackter Holztisch stand vor dem Fenster, an dem zwei ausgebleichte Gardinenschals hingen, die neugierige Blicke von Bewohnern anderer Häuser abhalten sollten. Vor dem Fenster sperrte ein feinmaschiges Drahtnetz die lästigen Moskitos aus. Durch die offenen Fenster wehte nachts, mangels Klimaanlage, eine wohltuende und ersehnte kühle Brise ins Hotelzimmer.

Leider wehten sie dazu auch Hundegebell, herzzerreißendes Eselwiehern, Hühnergackern, Motorengeräusche von an- und abfahrenden Autos zu uns hinauf. Und nicht zu vergessen, das Stimmengewirr der Hotelgäste und Passanten.

Bei dieser ungewohnt lauten Geräuschkulisse bestand mein „Gute Nacht Ritual" darin, mich ins Bett zu legen, Licht auszuschalten, Ela „Sai Ram" zu wünschen und mir dann die Ohrstöpsel aus Schaumstoff in die Ohren zu stopfen.

Leider konnten die Ohrstöpsel die komplexe Geräuschkulisse nur wenig herunter dämpfen.

Da nun Weihnachten vor der Tür stand und Feste im Inneren eines jeden Menschen vorbereitet werden, aber natürlich auch im Außen durch festliche Kleidung, Festtagsschmaus, entsprechende Dekoration von „Haus und Hof" ausgedrückt werden, verlegten wir die innere Vorbereitung in den Ashram und die äußere in unser Hotelzimmer.

Die kahlen Hotelzimmerwände schmückten wir mit unseren prächtigen Saris und allerlei bunten Schals, die wir uns in den letzten zwei Wochen zugelegt hatten.

Kleine Mitbringsel von diversen Shoppingtouren wie OM Symbole und Ganesha Statuen setzten wir auf dem Tisch mit einem Brokatschal als Tischläufer in Szene. Mit einer, von mir aus Deutschland mitgebrachten, aufklappbaren Papierkrippe wurde unsere Weihnachtsdekoration abgerundet. Darum drapierten wir noch ein paar Teelichter und zündeten sie feierlich an.

Wir saßen andächtig auf unseren Betten und schauten glücklich und zufrieden auf unser geschmücktes und heimeliges Zuhause.
Wir waren in Weihnachtsstimmung.

So feierten wir ohne Tannenbaum, aber nicht weniger fröhlich, Weihnachten - zunächst einmal zu zweit in unserem „Weihnachtszimmer" und dann später im Ashram mit tausenden von Pilgern. Und natürlich mit Sai Baba.

16. Frohe Weihnachten!

Am Weihnachtsmorgen waren wir noch früher auf den Beinen als an den anderen Tagen. Wir zogen unsere weißen Kurta Pyjamas, lange Hosen mit dem typischen, knielangen Oberteil für indische Männer, an. Dann schlichen wir vor Sonnenaufgang schlaftrunken zum Ashram.

Als wir das Ashramtor erreichten, wurden wir jedoch schlagartig wach. Tausende von Menschen hatten sich hier schon versammelt und standen in nicht enden wollenden Schlangen an, um Weihnachten zu feiern. Unser Express-Eingang war nun schon lange nicht mehr unser „Sesam öffne dich" und so gesellten wir uns schicksalsergeben in die lange Frauenschlange zur Halle.

Plötzlich sah ich, dass sich vor uns der Frauenchor sammelte. Ich stieß Ela an und nickte in Richtung des Chores: „Komm Ela, wir versuchen mit dem Chor reinzukommen. Die sind auch weiß gekleidet, da fallen wir gar nicht auf." Und schon huschten wir möglichst unauffällig aus der Warteschlange und reihten uns unauffällig in die Aufstellung des Chores ein, der gerade die ersten Treppenstufen zur Darshanhalle hinaufging. Wir liefen einfach mit, durchquerten die Halle bis zu den ersten Reihen, wo der Chor Aufstellung nahm. Dann ließen wir uns in der Höhe der fünften Reihe zurückfallen und setzten uns völlig beiläufig in die Reihe der schon platzierten Devotees. Zufrieden grinsend, dem Schicksal ein Schnippchen geschlagen zu haben, saßen wir nun nur wenige Meter von Sai Babas Sessel entfernt und harrten der Dinge, die da kommen sollten. Und wir harrten lange.

Zwar hatten wir das lange Anstehen umgangen, dafür warteten wir nun auf den Weihnachtsauftakt, wie die Sardinen in der Dose zusammengepfercht, auf dem harten Steinboden sitzend.

Erst nach zweieinhalb Stunden im Schneidersitz begann endlich die von uns so ersehnte Feier. Es wurden natürlich die gewohnten Bhajans und bekannte internationale Weihnachtslieder gesungen. Sai Baba hielt eine Weihnachtsansprache auf Telugu, der Sprache, die im Bundesstaat Andrah Pradeshs gesprochen wurde und von einem Inder ins Englische übersetzt wurde. Allerdings konnten wir dieses indisch-englisch nicht verstehen, da neben der Aussprache noch das Mikro streikte und die ganze Anlage übersteuert war. Die Wörter hallten in der Gebetshalle wider und wurden zu einem unverständlichen Sprachbrei.

Nach zehn langen Stunden dicht gedrängt im Schneidersitz, die nur durch nicht mehr abwendbare Toilettenpausen unterbrochen wurden, war die offizielle Weihnachtsfeier in der Gebetshalle vorüber und alle Devotees wurden zu weiteren Darbietungen, wie das Krippenspiel, in die Veranstaltungshalle gebeten. Und so verließen wir, wie alle anderen, in ordentlichen Reihen diese Halle, um dann in der Veranstaltungshalle noch das Krippenspiel mitzuerleben.

Es war anstrengend, so lange zu sitzen und sich nicht rühren zu können. Doch andererseits waren wir auch glücklich mit tausenden von Gleichgesinnten Weihnachten zu feiern. Und so erlebten wir die Strapazen mit einem freudigen und zufriedenen Lächeln.

Als wir abends müde und hungrig in unser Hotel kamen, gab es für mich beim Abendessen endlich die Gelegenheit, Ela gebührend zum Geburtstag zu gratulieren und ihr mein Geschenk zu überreichen. Ich hatte ihr bei den Händlern unseres Vertrauens, also unseren Freunden Gul und Ahmed, einen silbernen Anhänger mit dem OM-Zeichen ausgesucht. Die beiden hatten es in ein aus rotem Brokat genähtes Stoffbeutelchen eingepackt und noch ein Photo von Sai Baba dazugelegt, welches sie ihr zum Geburtstag durch mich überreichen ließen.

Ela freute sich sehr über ihre Geschenke und bedankte sich überschwänglich.

Doch am meisten freute sich Ela, dass sie ihren runden, vierzigsten Geburtstag am Weihnachtstag mit Sai Baba und den vielen Pilgern gefeiert hatte.

Ich freute mich mit ihr und für sie über dieses einzigartige Geburtstagsgeschenk.

Es war wirklich ein überwältigendes Erlebnis.

17. Happy New Year!

Nachdem die Weihnachtsfeiertage vorbei waren, gestaltete sich die übrige Weihnachtswoche nach dem für uns bereits üblichen Pilgeralltag.
Doch heute stand Silvester vor der Tür und wir wollten die Jahreswende natürlich auch gebührend feiern.
Aber wie macht man das in Puttaparthi, einem kleinen Dorf in Indien?

Nach den offiziellen Silvesterfeierlichkeiten im Ashram, die eine abgespeckte Version von Weihnachten waren, gingen wir ins Hotel und genossen zur Feier des Tages unser Lieblingsessen Alu Ghobi. Ein herrliches vegetarisches Gericht mit Blumenkohl und Kartoffeln, wobei die Kartoffeln bei den Indern als Gemüse gelten und Reis als Beilage serviert wird. Zum Nachtisch bestellte sich jeder von uns noch eine "Fruit Platter" mit unglaublich aromatischen und fruchtigen Mangos, Papayas und kleinen Bananen.

Nach dem Essen duschten wir ausgiebig und zogen, dem besonderen Anlass entsprechend, unsere festlichen Saris aus Goa an.
Zu einem solchen indischen Outfit gehörte natürlich auch das Bindi - ursprünglich ein mit roter Sandelholz-

paste zwischen die Augenbrauen in der Höhe des Stirnchakras aufgetragener Punkt.

Diesem Dritten Auge schreibt man den Sitz des Hauptnervensystems und des Wissens zu. Die kühlende Sandelholzpaste sorgt für Klarheit und Ruhe der Gedanken.

Eigentlich soll das Bindi auch den Familienstatus der Frau anzeigen, so wie es in Bayern der Sitz des Schürzenknotens verrät. Auf der linken Seite geknotet zeigt er den Status einer Ledigen an und auf der rechten Seite, den für die schon Vergebenen.
Heutzutage wird das Bindi in Indien oftmals als aufklebbares Schmuckbindi getragen. Von einem einfachen Kreis bis hin zu aufwendig verzierten und filigranen Ornamenten ist im Handel alles erhältlich was das Herz begehrt.

Natürlich hatten sich Ela und ich diese Schmuckbindis ebenfalls zugelegt. Sie waren selbstklebend und konnten deshalb mehrfach auf das Dritte Auge aufgeklebt werden.
Nach dem Tragen klebte man sie einfach an den Badezimmerspiegel, wo sie auf ihren nächsten Einsatz warteten.
Und heute war es mal wieder soweit.

Frisch und hübsch gemacht gingen wir zu einer Höhlen-
kapelle, wo wir mit indischen Pilgern verabredet waren.
Hier sangen wir indische Bhajans. Gegen dreiundzwanzig
Uhr löste sich die Gruppe auf.

Der schöne Nahrajan und vier weitere Pilger schlugen
vor, noch etwas trinken zugehen. Sie navigierten uns
durch die schmalen Gassen von Puttaparthi zu einem
großen Hotelbau.
Von außen sah es wenig spektakulär aus.
Doch Nahrajan ging zielgerichtet durch das Hotel und
über mehrere Stockwerke die Treppen hinauf.

Als wir am Ende des letzten Treppenaufgangs standen,
tat sich eine weitläufige Dachterrasse vor uns auf, die
durch Kerzen und Lichterketten in ein gemütliches Licht
getaucht wurde und die mit den Sternen um die Wette
funkelten.
Während sich die anderen staunend umsahen und erst
einmal die besondere Stimmung und die herrliche Aus-
sicht auf Puttaparthi genossen, entdeckte ich zu meiner
großen Freude eine Hollywoodschaukel.
Ich lief entzückt auf diese zu, machte es mir auf den
Polstern bequem und schaukelte eifrig drauf los. Ich
fühlte mich in meine Kindheit zurück versetzt. Die anderen schauten mich verwundert an und schon klopfte ich

mit der linken Hand auf das Polster und bat Ela sich zu mir zu gesellen.

Dann schaukelten wir versonnen in unseren prächtigen Saris wie in einem malerischen Bollywoodfilm durch die milde Silvesternacht.

Mitternacht war nicht mehr weit. Die Spannung wuchs. Womit wollten wir das neue Jahr begrüßen?
Zum Anstoßen gab es in Puttaparthi natürlich keinen Sekt oder sonstigen Alkohol. So blieb uns nichts anderes übrig, als die letzten Sekunden mit Coca Cola-Flaschen und Strohhalmen in den Händen im Chor den Countdown zu zählen.

Mit einem herzlichen "Sai Ram and Happy New Year!" stießen wir mit unserer Cola auf das neue Jahr an.

Da es keinen weiteren Höhepunkt in puncto Silvesterfeierlichkeiten mehr geben würde, gingen Ela und ich ohne gewohnte Silvesterparty kurz nach Mitternacht nüchtern zu Bett.

18. Zuerst 'ne Runde beten und dann 'ne Cola

Ela und ich waren mal wieder bei unserem alltäglichen Programm.

Somit wurde auch dieser Tag - wie jeder andere Tag auch - mit dem frühen Aufstehen eingeläutet. Vor Sonnenaufgang war es immer empfindlich kalt. Deshalb hatte ich mir einen Pashmina Schal bei Gul und Ahmed gekauft. In diesen Schal eingehüllt und dem leichten Salwar Kameez bekleidet, konnte ich die kühlen Morgenstunden ganz gut überstehen.

Mit dem Aufgehen der Sonne verwandelte sich die empfindliche Kühle nach und nach in einen glühenden Backofen. Gegen zehn Uhr hatte ich schon das Gefühl, in einer Sauna zu sitzen.

Auch für Ela war die heutige Hitze schon jetzt unerträglich.

Und so beschlossen wir an diesem Morgen, in mein Lieblingscafé zu gehen und uns zu erfrischen.

Wir verließen zur „großen Pause" das Ashramgelände und überquerten die Straße, wo wir nach wenigen Schritten in einen Hofeingang traten. Hier befand sich vor dem Café ein Stand mit den Devotionalien von Sai Baba.

Sein Konterfei war in allen Farben und Formen auf Bildern, Büchern, CDs, Postkarten und worauf auch immer man ihn abbilden konnte.

Sai Baba war allgegenwärtig.

Im Innenhof des Hauses angekommen, standen wir schon mitten zwischen den Stühlen und Tischen des „Blue Café", dessen herrlich blaue Wandfarbe und die Tatsache ein Café zu sein, Pate für den wirklich treffenden Namen stand.

Wir suchten uns einen schattigen Platz.

Nach dem Sitzen auf dem Steinboden während des Morgendarshans war das Wechseln auf einen weißen Plastikstuhl für mich ein wohltuendes Erlebnis.

Ich ließ mich nach dem freien Sitzen in der Halle mit dem Rücken in die Lehne fallen und genoss das Gefühl des Gehaltenwerdens.

Mit einem fröhlichen „Sai Ram" bestellte ich - wie jeden Tag - eine Thums up, die berühmt berüchtigte, indische Cola, die vor Zucker steht. Erst mal den Kreislauf mit Koffein wieder in Schwung bringen und sich mit der kühlen Zuckerbrause erfrischen.

Ela trank wie gewohnt ihren Kaffee und wir schwatzen entspannt über den Morgen.

Wir scherzten und lachten und so bemerkte ich erst nach einer gewissen Zeit, dass mich zwei braune Augen unaufhörlich fixierten.

Ihnen entging nichts.

Ich war im Visier eines Mannes, der schräg hinter Ela alleine an einem Tisch saß. Er trank gelegentlich an seinem Kaffee. Vor ihm auf dem Tisch lag ein kleines, dunkelblaues Notizbüchlein, was übervoll mit Papier gefüllt war. Er zog dann und wann Fotos heraus, die er kurz betrachtete. Dann schaute er wieder zu mir herüber.

Er wich meinen Blicken nicht aus.

Ich war irritiert und sagte zu Ela: „Schräg hinter dir sitzt ein bildschöner Mann in einem weißen Kurta Pyjama. Er hat lange schwarze Haare und einen Vollbart. Er schaut mich schon die ganze Zeit an."

Ela ging sich die Hände waschen und nutzte dabei die Gelegenheit, sich den geheimnisvollen Herren einmal genauer anzuschauen.

Während sich Ela frisch machte, was bei der Hitze nur von kurzer Dauer war, zog er ein Foto aus dem Büchlein, welches er kurz selbst anschaute und dann zu mir drehte.

Aus der Entfernung konnte ich erkennen, dass es Jesus zeigte, der mit den ihn umgebenden Wolken im Himmel verschmolz und aus ihnen geformt wurde. Die Sonne erstrahlte wie ein Heiligenschein um seinen Kopf. Sein Gesicht und die Haare waren in zartes Licht getaucht, während er die rechte Hand segnend erhob.

Ich hielt den Atem an. Darauf war ich nicht gefasst.

Das Foto war wunderschön und ich blickte gebannt darauf und dann in die Augen dieses faszinierenden Mannes. Ich saß auf meinem Stuhl im Café und fühlte mich gesegnet von diesem Jesus auf dem Foto, der eine solche Liebe und Sanftmut ausstrahlte, dass mir das Herz schmolz.

Daran waren sicherlich auch die samtweichen braunen Augen des Unbekannten nicht ganz unbeteiligt und taten ihr übriges.

Ich kam mir vor wie auf einem anderen Stern und sah wahrscheinlich aus, wie das kleine Kaninchen vor der Schlange Kaa im Dschungelbuch - hypnotisiert und etwas schwachsinnig vor mich hin grinsend.

Das unmelodische Kratzen von Elas Stuhl beim Heran-
ziehen an den Tisch ließ mich aus meinem bedenklichen
Gemütszustand erwachen.
Ela schaute mir prüfend in die Augen und sagte nur:

„Der Mann sieht ja aus wie Jesus!"

19. Silvio - Ein Bild von einem Mann

Ela erkannte sofort, dass hier etwas ganz anderes in der Luft lag als bei Rasheed oder Gul.
Sie trank zügig ihren Kaffee aus und verabschiedete sich dann rasch von mir.
Der Mann hatte nun freie Sicht auf mich und schaute mich weiter an. Es vergingen wohl Minuten, in denen wir uns in die Augen blickten.

Irgendwann erhob er sich langsam von seinem Stuhl und kam herzlich lächelnd auf mich zu. Mit seiner tiefen, männlichen Stimme und einem italienischen Akzent fragte er mich auf Englisch, ob er sich zu mir an den Tisch setzen dürfe. Ich nickte nur sprachlos und schon saß er mir mitsamt seinem Kaffee und seinem Büchlein gegenüber.
Ich fragte ihn, ob ich das Foto noch einmal aus der Nähe ansehen dürfte und so holte er es wieder aus seinem Notizbuch hervor.

Bei näherem Betrachten konnte ich den Ausdruck auf dem Antlitz Jesu erst richtig aufnehmen und ich spürte eine wunderbare Zartheit und Liebe, die aus dem Bild sprach. Gleichzeitig vereinte es aber auch eine anziehende Kraft, der ich mich kaum entziehen konnte.

Ich war beeindruckt, gab ihm das Foto zurück und sagte: „Es ist wunderschön. Woher hast Du es?"

Mit ruhiger Stimme entgegnete er: „Ich habe es gemalt und dies ist ein Foto des Bildes. Wenn Dir das Foto so gut gefällt, schenke ich es dir."

Ich war gerührt und er legte das Foto vor mich auf den Tisch.

Ich war sprachlos.

Aus Verlegenheit nippte ich an meiner Cola. In meinem Kopf fühlte es sich an wie in einer Schneekugel.

Währenddessen fragte er mich nach meinem Namen und woher ich kommen würde. Und so waren wir bald in einem Gespräch vertieft und vergaßen die Welt um uns herum.

Silvio kam aus Italien und war wesentlich älter als ich. Er hatte sich mit Sai Baba schon lange Jahre beschäftigt und viel über ihn und seine Lehre gelesen. Er war mit einer italienischen Pilgergruppe unterwegs und ebenfalls in einem Hotel einquartiert, welches gleich neben dem Ashramgelände am Gopuram Tor lag. Einem typisch hinduistischen pastellfarbenen Tor, das über und über mit unzähligen Götterfiguren verziert war.

Was für ein Zufall! Dieses Tor, welches ich jeden Tag bewunderte, passierte ich mehrfach bei meinem täglichen Weg zum Ashram.

Manchmal wohnt das Glück so nah.

Ich erfuhr, dass Silvio Maler war und schon viel von der Welt, insbesondere Asien, gesehen hatte.

Er hatte ein unerschöpfliches Wissen über Sai Baba und die Weltreligionen.

Ich war beeindruckt von diesem Mann. Die Hingabe, mit der er über Sai Baba sprach und die kraftvolle und doch so einfühlsame Art seiner Bilder, die er mir auf seinen Fotos zeigte, zogen mich ebenso in seinen Bann, wie sein männliches Aussehen.

Er hatte ein fein geschnittenes, schmales Gesicht und sah mit dem dunklen Vollbart sehr markant aus. Seine schwarzen langen Haare glänzten seidig und fielen in sanften Wellen über seine breiten Schultern. Seine braunen Augen blitzten mich lebendig an und versprühten eine zarte Herzlichkeit, aber auch eine ungezähmte Wildheit. Sein Körper war ausgesprochen muskulös und trainiert. Er war, wie bei den meisten Pilgern üblich, in einen weißen Kurta Pyjama gekleidet, der seine olivfarbene Haut und Exotik betonte. Er sprach sehr gutes Englisch und sein italienischer Akzent und die samtweiche dunkle Stimme waren zum dahin schmelzen.

Ich konnte mich seiner Präsenz nicht entziehen und die Zeit verging rasch im Gespräch mit Silvio.

Gegen zwei Uhr verließen wir das Café und schlenderten gemeinsam zum Ashram, um bei dem Nachmittagsdarshan dabei zu sein. Unsere Wege trennten sich erst, als er sich auf der Männerseite der Halle anstellte und ich weiter zum Eingang der Frauen ging.

Als ich später in der Gebetshalle saß, schaute ich immer wieder auf die Männerseite herüber und ging die Reihen durch. Ich hoffte, ihn sehen zu können. Die Stunden schlichen dahin und ich war mit meinen Gedanken weder beim Darshan noch bei Sai Baba.

Als der Nachmittagsdarshan zu Ende war, war ich erleichtert. Ich wollte mich duschen und umziehen und Ela erzählen, dass ich abends mit Silvio zum Essen verabredet sei.
Um bei Gul und Ahmed nicht in meiner verliebten Verzückung vorbeigehen zu müssen - erst Recht nicht mit Silvio - hatten wir uns nicht bei mir im Hotelrestaurant verabredet, sondern um sieben Uhr vor dem Tor zum

Ashramgelände.

Ich konnte es kaum erwarten.

Als ich Silvio schon von weitem an dem Tor stehen sah, überkam mich eine Welle des Glücks und der Freude, diesen Mann kennengelernt zu haben. Wir begrüßten uns mit einem herzlichen „Sai Ram" und schlenderten zum Restaurant.
Verstohlen schaute ich immer wieder aus den Augenwinkeln zu ihm herüber und genoss seinen kraftvollen, federnden Gang. Er bewegte sich geschmeidig wie eine Katze.

Als wir uns ins Restaurant setzten, schwärmte Silvio von den Köstlichkeiten der Küche und ich ließ ihn bestellen, da er die Speisekarte bereits in- und auswendig kannte. Er freute sich und lachte mich an, als er die Bestellung aufgegeben hatte. Ein Wort ergab das andere und wir erzählten uns unsere Lebensgeschichten in einer rührenden Vertrautheit.

Ich hatte den Teller nur als Attrappe vor mir stehen. Ich nahm nur kleine Häppchen zu mir, die mir Silvio im Überschwang seines Appetits vor meinen Mund mit dem Kommentar hielt: „Das musst Du unbedingt probieren!"
Wahrscheinlich kommt von diesem Gemütszustand auch

der Spruch: "Von Luft und Liebe leben."

Die Zeit verging rasend schnell und es gab natürlich kein Nachtleben, wo man noch nach einem Abendessen bei einem Absacker hätte Zeit verbringen können. In Puttaparthi wurden nach dem Abendessen die Bürgersteige hochgeklappt.
Und so brachte mich Silvio um zehn Uhr zu meinem Hotel.

Das war ganz gut so, damit meine Pilgerseele nicht noch mehr in Wallung geriet und die indischen Gepflogenheiten im Umgang mit dem anderen Geschlecht nicht verletzt würden. Wir verabschiedeten uns vor meinem Hotel und verabredeten uns für den nächsten Tag wieder nach dem Morgendarshan im Blue Café.

Als ich das Zimmer betrat, brauchte Ela gar nicht mehr zu fragen, wie denn der Abend mit Silvio gewesen war. Die Verliebtheit war mir förmlich ins Gesicht geschrieben. Ich schäumte über vor Liebe und Glück und mit dem Foto des „Jesus in den Wolken" auf dem Nachttisch stehend, schlief ich dann auch irgendwann ein.

Und so gesellte sich in den nächsten Tagen neben das prall gefüllte Pilgerprogramm das Herzprogramm von

Silvio und mir.

Nach dem Morgendarshan und zum Abendessen trafen wir uns regelmäßig und ich schwebte wie auf Wolke sieben durch Puttaparthi.

20. Neue Reisepläne

Ela hingegen schmiedete ganz andere Pläne.

Sie hatte ein Photo eines Berges namens Arunachala gesehen und wollte unbedingt dorthin reisen. Ich war von ihren neuen Reiseplänen überhaupt nicht angetan. Warum wollte sie Puttaparthi verlassen, um einen heiligen Berg im südlichen Tamil Nadu nahe der Stadt Tiruvannamalai zu besuchen?

Doch Ela war von ihrem Vorhaben nicht abzubringen und so suchte sie sich kurzerhand einen Reisegefährten. Die Gelegenheit dazu bot sich ihr bei einem Meditationsabend in einem Privathaushalt. Sie fragte einfach nach der Meditation in die Runde, wer mit ihr zum Arunachala fahren wolle. Es meldete sich ein junger Inder um die dreißig Jahre. Er hieß Rubin, lebte in England und wollte nach dem wochenlangen Aufenthalt in Puttaparthi mit der Reise zum Arunachala etwas Abwechslung in seinen Pilgeralltag bringen.

Und so schmiedete Ela mit Rubin am nächsten Morgen Reisepläne. Gegen Mittag packte Ela ihre vielen Einkäufe zusammen und gab sie bei Mr. Prasad an der Hotelrezeption ab, von wo ich sie bei meiner Abreise zum Flughafen nach Bangalore mitnehmen sollte. Ela würde dann nach ihrer Reise zum Arunachala direkt nach Bangalore zum Flughafen kommen, um mit mir zusammen nach Goa zu fliegen. Da wir uns vorher nicht mehr sprechen würden, verabredeten wir uns vor der Abflughalle in Bangalore für zehn Uhr.

Nach einer herzlichen Verabschiedung vor unserem Hotel stieg Ela mit einer Reisetasche und einem kleinen Rucksack zu Rubin ins Taxi und brauste davon.

Ich konnte mir zu dieser Zeit nicht erklären, warum Ela von diesem Berg so magisch anzogen wurde, dass sie sich mit einem unbekannten Inder auf dieses beschwerliche Abenteuer einließ. Ich konnte mir nichts Schöneres und Vollkommeneres vorstellen, als in Puttaparthi zu sein.

Erst im Nachhinein las ich ein Buch von Ramana Maharshi, der als Heiliger vom Berg Arunachala verehrt wurde und verstand die Bedeutung des Heiligen und seines Berges.

Der heilige Berg Arunachala gilt als Manifestation des Gottes Shiva. Hier soll Gott Shiva den Göttern Brahma und Vishnu als feuriges Lingam erschienen sein, weshalb der Name Arunachala gewählt wurde, der ihn als „Hügel

des Lichts" oder auch „Hügel der Morgenröte" bezeichnet.

Im Süden des Berges befindet sich noch heute ein Shiva-
Lingam Heiligtum.

In Erinnerung an das Erscheinen von Gott Shiva als Feu-
ersäule, feiern die Pilger in einer Vollmondnacht um den
Monatswechsel November / Dezember auf dem Berg
und in dem am Berg gelegenen Tempel das Dipam-Fest.
Hierbei werden Öl und Ghee auf den Berggipfel gebracht
und damit in der Zeit zwischen Sonnenuntergang und
Mondaufgang hin ein Feuer entfacht.

Die Pilgerreise setzt eine uhrzeigerartige Umrundung
des Berges in Meditation voraus. Damit werden Sünden
und Karma ausgelöscht und Wünsche erfüllt.

Ela wollte der Spiritualität dieses heiligen Berges A-
runachala begegnen und die Wirkungsstätte von Ramana Maharshi, einem Heiligen, der als Jugendlicher die
Kraft des Berges wahrnahm und ihn nie wieder verlassen
hatte, besuchen.

Maharshis tiefe Liebe und Verbundenheit zum Arunachala fasste er in einem Gedicht zusammen:

„Arunachala ist ein verborgener heiliger Ort.

Er ist immer vergleichsweise wenig bekannt geblieben.

Der Berg verleiht Selbsterkenntnis, Jnana,
aber die meisten Menschen
haben andere, stärkere Begierden
und suchen nicht wirklich dieses tiefe Wissen.

Oh Arunachala, Du entwurzelst das Ego derjenigen,
die an Dich in ihrem Herzen denken."

Ramana Maharshi - Sei, was du bist!

21. Ramana Maharshi –
Der Heilige vom Berg Arunachala

Ramana Maharshi wurde am 30. Dezember 1879 als zweiter von drei Söhnen eines brahmanischen Anwalts im südindischen Tiruchuzhi geboren.

Nach dem Tod seines Vaters lebte er als Zwölfjähriger in der Familie seines Onkels in Madurai.

Urplötzlich wurde er mit sechzehn Jahren trotz bester Gesundheit von einer starken Todesangst ergriffen. In dieser Angst konzentrierte sich seine ganze Aufmerksamkeit auf das „Selbst". Er stellte sich die Frage: „Was ist es, das da stirbt?"

Er kam zu der erstaunlichen Erkenntnis, dass im Tod nur der Körper stirbt und das „Selbst" real und unvergänglich ist.

Diese Aufmerksamkeit und Zentriertheit auf das „Selbst" verließen ihn seitdem nie mehr und so entfernte er sich immer weiter von seinen vorherigen Interessen wie Lernen und Sport.

Er empfand eine immer stärkere Hinwendung zum Göttlichen und der Meditation.

Bereits wenige Wochen nach seiner bewussten „Selbst"-Erfahrung reiste er zum heiligen Berg Arunachala und meditierte schweigend im Shiva Tempel, wo er den Entschluss fasste, sein Leben der Entsagung (Sannyasa) zu unterstellen.

Als seine Mutter ihn endlich fand, konnte sie ihn nicht mehr dazu bewegen, den Arunachala zu verlassen.

Er wechselte lediglich einige Jahre später vom Shiva Tempel in verschiedene Höhlen des Arunachala und lebte dann am Fuße des Berges.

Schon bald fanden sich viele Menschen ein, die von der Kraft und dem Vorbild Ramana Maharshis angezogen wurden. Es entwickelte sich ein Ashram. Ramana Maharshi lehnte jedoch für sich eine Lehrer - Schüler - Beziehung durch mündliche Unterweisung im herkömmlichen Sinn ab. Er antwortete lediglich auf Fragen und wies immer wieder auf die Unerlässlichkeit des für jeden Menschen eigenen Weges der „Selbst"- Erforschung hin.

In Schweigen, für ihn die Form des „Selbst", strahlte er spirituelle Kraft aus.

Er empfahl die Meditationsmethode des Atmavichara als spirituelle Praxis (Sadhana). Dies ist die Ergründung (Vicara) des Selbst (Atman).

Wenn Gedanken aufsteigen, sollte man ihnen nicht nachgehen, sondern sich fragen: „Wem kommen diese Gedanken?". Bei jedem aufsteigenden Gedanken fragt man sich beharrlich: „In wem hat sich dieser Gedanke erhoben?" und erhält die Antwort: „In mir!". Wenn man daraufhin wiederum fragt „Wer bin ich?", kommt der Geist zu seinem Ursprung, dem Selbst, zurück und der aufgestiegene Gedanke kommt zur Ruhe.

Mit der Zeit versiegen die Gedanken und die Aufmerksamkeit richtet sich auf das Innere. Es stellt sich die Erfahrung des Seins - des „Ich bin" ein, in dem es kein Tun gibt.

Auf die Frage: „Wer bin ich?" konnte es nach Ramana Maharshi nur die Antwort geben, die auch Gott Moses gab:

> *„Ich bin, der ich bin!"*
>
> *Exodus 3,14*

Selbstergründung hat nach Ramana Maharshi zum Ziel, im wahren Zustand des Seins zu verweilen und zu erkennen, das kein individuelles Ich mit eigenständiger Realität existiert und das Trugbild des Egos aufgelöst wird, welches einen mit dem Körper, den Empfindungen, dem Verstand und den Gedanken, identifiziert.

Vielmehr ist dieses Ich nur durch das ewige und unveränderliche Sein (Sat) des Absoluten und des Göttlichen (Atman) existent und damit verbunden.

Dieses Sein im Atman ist reine Bewusstheit (Cit) und Glückseligkeit (Ananda).

Als Ramana Maharshis „Selbst" seinen vom Krebs gezeichneten Körper am 14. April 1950 verließ, stieg ein heller Stern auf, der sogar in Madras sichtbar war.

Der Stern verschwand später hinter dem Arunachala.

Man sagt, dass sich als Maharshi starb, im Ashram von Sai Baba Vibhuti (heilige Asche) sammelte und dass Maharshis Geist auch heute noch am heiligen Berg Arunachala zugegen und spürbar ist.

So ist Ramana Maharshi zeitlebens und über den körperlichen Tod hinaus mit diesem heiligen Berg, der als spirituelles Herz der Welt verstanden wird, verbunden.

22. Glückliche Tage

Während Ela mit dem jungen Rubin auf Abenteuerreise war, lief mein Pilgeralltag in Puttaparthi wie gewohnt weiter.

So stattete ich Gul und Ahmed mindestens einmal täglich einen Besuch ab. Dabei versuchte ich ihnen gegenüber mein verliebtes Strahlen zu verbergen. Ich war immer auf der Hut, Guls Gefühle nicht zu verletzen. Wohl mit mäßigem Erfolg, denn ich war noch nie eine gute Schauspielerin, die das Pokerface beherrscht. Jegliche Gefühlsregungen sind in meinem Gesicht, wie in einem offenen Buch, zu lesen.

Gul stand oftmals mit Argusaugen vor seinem Laden. Deshalb vermied ich es, mit Silvio direkt an seinem Laden entlang zu gehen und ihm zu begegnen.
Ich nahm immer öfter den Weg durch die engen Gässchen, die sich hinter der Dorfstraße befanden und sich zwischen Ashram und Hotel schlängelten.

Doch eines Tages stand Gul wie gewohnt auf der Treppe seines Ladens und schaute sich die Straßenszenerie an, als er mich am oberen Teil der Straße verliebt neben Silvio schlendern sah.

Obwohl wir nur nebeneinander her gingen und uns nicht anfassten, wusste er direkt Bescheid.

Ich konnte es in dem Moment sehen, als sich unsere Blicke über die Distanz trafen.

Er drehte sich daraufhin schnell um und verschwand im Laden.

Ich hatte ein schlechtes Gewissen, obwohl ich ihm nie Hoffnungen gemacht hatte. Aber er war mir ein lieber Freund geworden und es tat mir leid, dass er nun unglücklich war.

Die Unbekümmertheit bei unseren Begegnungen war von diesem Moment an verschwunden.

Silvio und ich verbrachten glückliche Tage. Zudem wurde neben meinem Hotelzimmer ein Zimmer frei, so dass er dort einziehen konnte.

Das eröffnete uns völlig neue Freiräume.

Offiziell waren wir zwei Pilger, die zusammen im Restaurant aßen und zum Ashram gingen. Wir tauschten öffentlich keinerlei Zärtlichkeiten aus, denn dies war in Indien, egal ob verheiratet, verliebt und erst recht nicht als Pilger, verpönt.

Aber die Liebe findet ihren Weg.

Und so huschten wir nachts diskret und heimlich über den Flur, um die Nächte miteinander zu verbringen. Nach unserem gesellschaftlich akzeptierten Anstandsprogramm schafften wir uns intime Freiräume, die wir sehr genossen.

Eines Morgens beschlossen wir während wir frühstückten, eine Wanderung zu unternehmen, um die Gegend zu erkunden.

Und so machten wir uns nach dem Morgendarshan mit unseren Kameras und einer Wasserflasche auf den Weg. Zunächst die Dorfstraße hinunter zum staubigen Platz mit der öffentlichen Wasserstelle. Diese war im Zentrum des Platzes mit niedrigen Mauern abgegrenzt. Hier füllten sich die Frauen, die kein fließendes Wasser in ihren Hütten und Häusern hatten, Wasser in große Gefäße ab und schleppten es mühselig nach Hause. Männer mit einfachen Lungis bekleidet, wuschen sich dezent unter den Blicken der vorbei eilenden Passanten. Tuk-Tuks, Eselskarren und Autos knatterten indiskret vorbei. Am Ende des Platzes saßen faltige und abgemagerte alte Frauen im sandigen Staub und boten auf ausrangierten Kartonagen ihre spärlichen Waren an. Eine Frau hatte zehn Zwiebeln vor sich liegen, eine andere ein paar Bohnen ausgelegt, eine dritte versuchte eine Hand voll Früchte zu verkaufen.

Eine völlig andere Welt tat sich hier, nur wenige hundert Meter vom Ashram entfernt, auf.

Entlang des Ashrameingangs priesen geschäftstüchtige Inderinnen ihre frischen Waren an, die sich vor ihnen als riesige Berge von frischem Obst und Gemüse auftürmten. Der Duft von zahlreichen Blüten wie Jasmin, Rosen und Tagetes wehte über diese paradiesische Fülle. Diese Blüten wurden zu Blumengirlanden verarbeitet, um sie den Göttern zu opfern oder sich als duftender Schmuck ins Haar zu stecken. Sehr oft hatte ich mir schon dort Jasminschnüre gekauft, die ich mir um meinen Zopf schlang und mich mit einem frischen Blumenduft umwehten.

Immer wieder sahen wir völlig unvermittelt auch heilige Kühe mitten auf der Straße stehen. Es ist für uns Europäer ein ungewöhnliches Bild, welches wir jedoch mit Indien verknüpfen. Der indische Verkehr und die Passanten integrieren die heiligen Kühe ganz selbstverständlich in ihren Alltag.

Silvio erklärte mir, dass die heilige Kuh in den hinduistischen Schriften als Göttin gilt und dass Gott Krishna zu Kuhhirten gegeben wurde, um sein Leben zu schützen und selbst als Kuh-Hirte aufwuchs.

Die heilige Kuh wird noch heute als Mutter verehrt, da sie nach der Religion der Hindus den Menschen alles gibt: Sie ist der Erhalter, der durch Gott Vishnu verkörpert wird. Und somit basiert die rituelle Verehrung der heiligen Kühe auch auf ökonomischen Gründen. Kinder werden mit Kuhmilch ernährt. Die geklärte Butter (Ghee) wird als Licht und Opferspeise verwendet, Milch und Joghurt werden bei den hinduistischen Gottesdiensten (Pujas) geopfert. Mit Kuhdung werden Häuser gebaut, die Mahlzeiten gekocht und die Felder gedüngt. Es dient als Insektizid und wird mit dem Urin auch zu medizinischen Zwecken verwendet. Die Kuh ist für das bäuerliche Indien unentbehrlich und wird als Lasttier und als Zugtier in der Landwirtschaft eingesetzt.

Die weibliche Kuh wird ausschließlich in lebendiger Form verehrt, während die männliche auch in künstlerischer Form als Stier, namens Nandi, verehrt wird. Er ist das Begleittier des Gottes Shiva. Früher wurde Shiva selbst als Nandi verehrt. Heute sind viele Shiva Tempel mit Nandistatuen verziert.

Je weiter sich Silvio und ich von dem Ashram entfernten, umso einfacher und ärmlicher wurde das Dorfleben.

Bald umgaben uns Felder, die in der Hitze der Sonne von Bauern mit Ochsengespannen beackert wurden. Dieses archaische Bild assoziierte ich mit dem schönen, beschaulichen Landleben. Doch in Wirklichkeit war dies eine absolute Schinderei und wahrscheinlich hätte jeder Bauer sein Glück kaum fassen können, wenn er in einem klimatisierten Traktor sitzend, schnell und ohne körperliche Anstrengung seine Felder hätte bestellen können.

Wir gingen zum Wunschbaum, der an einem Berg nahe Puttaparthi steht und den wohl jeder Sai Baba Pilger kennt. Wir stiegen langsam den steil ansteigenden Berg hinauf. Schwitzend und keuchend erreichten wir den in einer Felsnische stehenden Wunschbaum, der über und über mit gefalteten, weißen und bunten Wunschzetteln von Pilgern geschmückt war. Nach einem kurzen Gebet steckten auch wir unsere Zettel an den Baum. Ich hatte bereits vor zweieinhalb Wochen mit Ela meinen Wunschzettel an dem Baum abgelegt und um die Erfüllung meiner Wünsche gebeten. Heute war ich da, um mich zu bedanken, denn einer meiner großen Wünsche war es, einen Seelengefährten zu finden. Ich war mir sicher, dass Silvio dieser Seelengefährte war. Wir konnten über all die Dinge sprechen, die uns bewegten und waren glücklich, dass wir uns in Puttaparthi gefunden hatten und zusammen Sai Baba erleben durften.

So saßen wir etwas abseits von den anderen Pilgern auf einem großen, flachen Felsen und erfreuten uns an unserer Zweisamkeit. Wir schauten uns an, hielten verstohlen und versteckt Händchen und genossen den leichten Wind in der luftigen Höhe.

Von hier hatten wir auch einen herrlichen Ausblick auf Puttaparthi, die umliegenden Bergketten und die märchenhaft anmutenden Gebäude und meterhohen Statuen, die Sai Baba über die Jahre auf den Bergkämen hatte errichten lassen. Diese erstrahlten in zarten Pastelltönen. Aus der Ferne muteten sie wie kunstvolle Leckereien aus einer Zuckerbäckerei an.

Dieser Ausblick erschloss uns einen anderen Blick auf Puttaparthi, einem kleinen Pilgerkosmos, der eingebettet in das große Ganze war.

Mit diesem Abstand gesehen erschien Puttaparthi fast nicht mehr real, sondern weit weg.

Silvio und ich hingen still unseren Gedanken nach und tauschten sie dann und wann aus. Dabei genossen wir diese ungewohnte Weite um uns herum. Wir ließen uns von anderen Pilgern, als Paar zusammen stehend und verliebt und glücklich in die Kamera lächelnd, fotografieren. Jeder von uns machte mit seiner Kamera Fotos von dem anderen, als wolle man ihn auf jedwede erdenkliche Art festhalten; um ihn nicht mehr hergeben zu müssen.

Immer öfter blitzte in den letzten Tagen eine Wehmut in mir auf, denn unsere gemeinsamen Tage waren gezählt. Bald hieß es Abschied nehmen. Dann würde jeder wieder in sein Leben zurückkehren und wir wären voneinander getrennt.
Was sollte mit uns werden und wie könnte man ein gemeinsames Leben führen?

„Zweisamkeit sucht Einsamkeit" heißt es und so begannen wir den Abstieg und wanderten fern der Pilgerwege. Bald befanden wir uns in einer Ebene, die von den blassen, erdfarbenen Bergen umringt und nur durch die grünen Farbkleckse der vereinzelten Büsche aufgefrischt wurde. Die am blauen Himmel ziehenden Wolken warfen dunklere Schatten auf diese Bergkulisse und wir standen im heißen Sand des ausgetrockneten Chitravathi Flusses.
Hand in Hand gingen wir dem Sandstrom des ausgetrockneten Flussbettes entlang.

Dieser Fluss war in der Trockenzeit wohl kein Sinnbild für den sprichwörtlichen Quell des Lebens. Und ich fragte mich, ob dieser Lebensquell auch austrocknen konnte?

Jahre später wusste ich es dann genau und konnte meine versiegende Kraft am eigenen Leib spüren.

Mittlerweile stand die Sonne senkrecht über uns und brannte mit ihrer ganzen Kraft auf uns herab. Wir entdeckten einen Baum am Flussufer, der dieser Hitze mit stoischer Gelassenheit trotzte. Wir suchten unter seinem Blätterbaldachin Schatten und Rast. So lagen wir auf dem Rücken und schauten durch die sich in der Mittagshitze zart bewegenden Blätter in den blauen Himmel. Wir dösten selig vor uns hin, bis wir nachmittags den Rückweg nach Puttaparthi antraten.

Aus der Stille der Natur erreichten wir ausgeruht und entspannt die Geschäftigkeit des kleinen Ortes und tauchten wieder in dessen vertraute Geräuschkulisse und sein reges Treiben ein.

23. Arrivederci Amore

Mein Herz schlug mir bis zum Hals.
Heute musste ich von meiner großen Liebe Silvio Abschied nehmen.

Silvio trug bereits seine Reisekleidung. Eine Jeanshose mit T-Shirt und Turnschuhen. Er kam mir in diesen Kleidern, anstelle des gewohnten weißen Kurta Pyjamas mit Flip Flops, ein wenig fremd vor. Er lief zwischen Schrank und Badezimmer immer wieder hin und her und packte still seine kleine Reisetasche, während ich ihm wehmütig auf dem Bett sitzend zuschaute.
Als er seine Reißverschluss zuzog, dachte ich an meine Gepäckberge und der Spruch: „Bescheidenheit ist eine Zier!" drängte sich mir auf.

Während des Frühstücks bekamen wir beide keinen Bissen hinunter und blickten uns stumm und traurig in die Augen. Vorbei war die gemeinsame Zeit, in der wir zum Ashram gingen und danach noch eine „Thums Up" tranken, gemeinsam aßen, spazieren gingen, uns über Sai Baba und spirituelle Themen austauschten.

Ich konnte nur mit Müh´ und Not meine Tränen zurückhalten. Einzig tröstend war, dass wir uns sobald wie möglich in Italien oder Deutschland wiedersehen wollten. Ich ertappte mich dabei, unser hoffentlich baldiges Wiedersehen in Gedanken zu planen, um mich von diesem schmerzlichen Abschied abzulenken und zu beruhigen.

Silvio war mit seiner italienischen Pilgergruppe auf dem kleinen Flughafen nur wenige Kilometer vor den Toren von Puttaparthi verabredet, um mit ihnen gemeinsam nach Hause zu fliegen.

Als wir vor unserem Hotel standen, winkte er ein Taxi heran und so saßen wir nebeneinander voller Wehmut auf der Rückbank und hielten heimlich Händchen, während wir noch einmal an den für uns wichtigen Orten von Puttaparthi vorbei fuhren.

Die Fahrt dauerte nicht lange und ich wünschte, sie würde nicht enden.

Als wir am Flughafen ankamen, wurde er schon überschwänglich von seinen italienischen Mitreisenden begrüßt und checkte zügig ein. Er würde in Mumbai umsteigen, um dann direkt nach Mailand weiterzureisen.

Da der Flughafen in Puttaparthi nur ein Provinzflughafen ist, war alles recht übersichtlich und so konnten wir nach Silvios kurzem Einchecken noch zusammenbleiben.

Der Abschied stand nun unerbittlich bevor.

Mir war, als ob es mir den Boden unter den Füßen wegziehen würde. Ich fühlte mich schon jetzt völlig verlassen. Die indischen Anstandsregeln warfen wir in diesem Moment des Abschieds über Bord und hielten uns traurig in den Armen. Ein letztes Mal küssten wir uns leidenschaftlich und wollten uns nicht loslassen.
Silvios Reisegruppe lief schon über das Rollfeld und bestieg das Flugzeug. Plötzlich wurde sein Name über Lautsprecher aufgerufen.

Ein allerletzter, schneller Kuss, ein liebevoller Blick und er lief, schön und kraftvoll, zum Flieger und die Gangway hoch. Er drehte sich noch einmal zu mir um, warf mir eine Kusshand zu und schon verschwand er im Flieger während die Stewardess die Flugzeugtür zuzog.

Mir liefen die Tränen nun in Sturzbächen die Wangen herab.

Ich konnte meine Traurigkeit nun nicht mehr zurückhalten und blickte dem startenden Flugzeug hinterher während es über die Rollbahn donnerte, um dann in den Wolken zu verschwinden.

Ich flüsterte: „Arrivederci Amore."

Schweren Herzens drehte ich mich um und ging traurig und einsam nach Puttaparthi zurück.

24. In letzter Minute

Mein Abschied von Puttaparthi stand einen Tag nach Silvios Abreise bevor. Voller Wehmut wurde mir klar, dass ich ab jetzt alles zum letzten Mal machen würde.

Der letzte Darshan bei Sai Baba mit einem späteren Besuch im Blue Café. Zum letzten Mal die Dorfstraße hinunter gehen und Gul und Ahmed besuchen. Zum letzten Mal im vertrauten Hotel mit den liebgewonnenen Gästen und Mr. Prasad zu plaudern und bei einem köstlichen Abendessenden den Tag Revue passieren zu lassen.

Ich konnte mir nicht vorstellen, mich zu Hause wieder in meinen westlichen Alltag eingliedern zu können.
Zudem vermisste ich Silvio. Nur der Gedanke, ihn bald in Italien oder zu Hause wieder zu sehen, machte mir den Abschied von Puttaparthi einigermaßen erträglich.

Also packte ich meine Sachen zusammen, die durch die zahlreichen Einkäufe stark angestiegen waren. Als ich endlich fertig war, war es schon spät geworden und so legte ich mich aufgewühlt in mein Bett. Ich versuchte zu schlafen, denn Mr. Prasad hatte mir für fünf Uhr morgens ein Taxi bestellt, welches mich zum Flughafen nach Bangalore bringen sollte.

Trotz kalter Morgendusche schleppte ich schlaftrunken schleppte ich nun mein ganzes Gepäck um halb fünf Uhr morgens vom ersten Stock an die Rezeption. Nach mehreren Läufen treppauf- und treppab, ging ich ins vertraute Restaurant und trank dort einen heißen Kaffee, um wach zu werden. Als ich vor das Hotel trat, wartete Mr. Prasad schon mit Elas riesigem Gepäckberg und meinen vielen Taschen vor dem Hotel auf mich. Er hatte alles an dem Eingang bereit gestellt.

Punkt fünf hielt das Taxi vor dem Hoteleingang und der Fahrer schaute skeptisch, als er den Gepäckberg sah. Er dachte wohl, es würde sich um eine ganze Reisegruppe handeln. Doch nachdem Mr. Prasad ihm ruhig erklärte, dass ich alleine sein Taxi besteigen würde, machte er sich daran, die zahlreiche Gepäckstücke in den Kofferraum und auf der Rücksitzbank zu verstauen.
Ich verabschiedete mich herzlich von Mr. Prasad, dem ich alles Gute wünschte und versprach, beim nächsten Besuch in Puttaparthi wieder bei ihm vorbeizuschauen.

Als wir losfuhren, winkten wir uns noch lange zu. Dann bog das Taxi auch schon um die Ecke, vorbei an Gul und Ahmeds Laden und an den Devotees, die bereits zum Ashram gingen. Wir passierten das Ashramgelände und ich versuchte, noch möglichst viele Blicke davon zu erha-

schen. Dann durchfuhren wir auch schon den pastellfarbenen Torbogen, der mich nun, nach den vier Wochen,
nicht mehr willkommen hieß, sondern verabschiedete.

Schnell lag Puttaparthi hinter mir.

Vier Stunden musste man für die Strecke nach Bangalore
mit dem Taxi einplanen. Eine Stunde Zeitpuffer hatten
Mr. Prasad und ich noch dazu gerechnet, denn man weiß
ja nie! Der Verkehr nahm im Laufe des Morgens immer
mehr zu und langsam wurde ich nervös, denn ich musste
pünktlich ankommen. Vor uns fuhren LKWs und PKWs
wild durcheinander und verständigten sich mit dem allseits bekannten Hupen. Hupen um zu überholen, hupen
wenn man mit Überholen fertig war, hupen wenn es zu
langsam lief, hupen wenn sich Fußgänger nicht schnell
genug auf der anderen Straßenseite vor dem Verkehr in
Sicherheit brachten, hupen bei freilaufenden Hunden,
Kühen und Hühnern.

Hupen ist eine unerlässliche Angelegenheit im indischen
Straßenverkehr.

Auf einmal wurde es still. Der Verkehr kam zum Erliegen.
Was war los? Ich schaute aus dem Seitenfenster und
sah, dass viele LKWs und PKWs vor uns, ein umgekippter

Laster die Straße blockierte. Vielleicht war er überladen gewesen, hatte schlechte Reifen gehabt, wurde ausgebremst oder hatte zu rasant überholt. Er war wohl ins Schlingern geraten und umgekippt. Dem Fahrer war glücklicherweise nichts zugestoßen. Er krabbelte aus seinem Fahrerhaus und versuchte zu retten, was zu retten war.

Mein Taxifahrer und ich warteten geduldig bis nach einer knappen Stunde ein Teil der Ladung von der Straße geräumt worden war und wir endlich passieren konnten. Jetzt wurde es eng, denn mein Zeitpuffer war weg. Während die Hinfahrt nach Puttaparthi spannend gewesen war, weil wir so bald wie möglich Sai Baba begegnen wollten, stand es nun in den Sternen, ob ich zur verabredeten Zeit Ela wieder treffen würde und ich noch den gebuchten Flieger nach Goa bekommen würde.

Die Weiterfahrt verlief schweigsam und in stiller Aufgeregtheit. Wir konzentrierten uns beide auf unser Ziel und mein Fahrer versuchte die Zeit aufzuholen, damit ich noch rechtzeitig am Flughafen ankam.

Die Landschaft, Tiere und Menschen flogen an uns vorbei.

Endlich, eine Stunde später als geplant, erreichten wir den Flughafen. Als wir zum Eingang des Flughafengeländes fuhren, versuchte ich völlig aufgekratzt und nervös, Ela in dem Menschengewusel ausfindig zu machen. Vielleicht hatte sie bereits eingecheckt oder saß sogar schon im Flieger.

Ich war verzweifelt und schaute angespannt auf das rege Treiben der vielen Menschen. In Gedanken sprach ich immer wieder die Worte: „Ela! Wo bist du?"
Noch einmal durchkämmte ich mit meinem Blick den Vorplatz vom fahrenden Auto aus. Mein Blick blieb an einem Blondschopf hängen. Ela!

Schon machte ich den Fahrer auf die blonde Frau, die am Straßenrand auf ihrer Reisetasche saß, aufmerksam und bat ihn, dort anzuhalten. Dieser setzte mein Anliegen durch gekonntes Bremsen und Rumreißen des Lenkrades unverzüglich um.

Ab da ging alles ganz schnell. Raus aus dem Auto und zuerst einmal Ela begrüßen, die schon sehnsüchtig auf mich wartete und nicht mehr mit meiner rechtzeitigen Ankunft gerechnet hatte.
Dann bezahlte ich erst einmal den Taxifahrer, der mich sicher und noch rechtzeitig bei Ela abgeliefert hatte.
Einträchtig packten er und ich den Wagen aus, während Ela zwischenzeitlich zwei Gepäckwagen organisiert hat-

te. Wir verabschiedeten uns beim Fahrer und begannen eifrig, alles auf die Wägelchen zu laden. Die Gepäckwagen vor uns schiebend, liefen wir durch die Halle und kamen kurz vor dem geschlossenen Abfertigungsschalter jäh zum Stehen.

Hier plauderten nur noch zwei Stewardessen angeregt miteinander, während sie die abgerissenen Ticketbelege sortierten und die restlichen Unterlagen wegräumten.

Wir hechteten an den Schalter und wedelten ihnen wild mit unseren Flugtickets zu, während wir uns keuchend bei ihnen für unser Zuspätkommen entschuldigten. Sie schauten sich und uns abwechselnd amüsiert lächelnd an.

Sie hatten ein Einsehen und nahmen schmunzelnd unsere Tickets entgegen. Auf den letzten Drücker checkten wir ein und liefen mit unserem Handgepäck zum Flieger und die Gangway hoch, wo uns bereits eine genervte Stewardess empfing.

Unser Gepäck wurde währenddessen für alle im Flieger warteten Passagiere ersichtlich zum Flugzeug geschafft und unter den strengen Blicken der übrigen Reisegefährten, die uns skeptisch musterten und tuschelten, suchten wir unsere Sitzplätze.

Als wir erleichtert und völlig aus der Puste schnaufend in unsere Sitze fielen, kicherten wir voller Anspannung vor uns hin.

Geschafft - ist ja noch mal gutgegangen!

Während des Fluges erzählten wir uns unsere getrennt voneinander verbrachten Erlebnisse und genossen den Landeanflug auf Goa, das sich uns als Postkartenidyll mit Palmen umsäumten Sandstränden, einem azurblauen Meer und bei strahlendem Sonnenschein präsentierte.

25. Tage am Meer

Wir freuten uns auf unsere komfortablen Urlaubstage am Meer. Die uns noch verbleibenden drei Tage verlebten wir wieder in unserem bewährten Hotel in Colva, welches wir schon beim Auftakt unserer Reise besucht hatten.

Goa war für uns eine erholsame Zwischenstation, denn nach dem spirituellen Ashramleben in Puttaparthi konnten wir unmöglich direkt ins winterlich kalte und durchorganisierte Deutschland fliegen.

Wir genossen unsere ruhigen Strandtage und ließen uns die frische Meeresbrise um die Nasen wehen.

Wir unternahmen Strandspaziergänge oder lagen im Sand und schwelgten in Erinnerungen an diese wundervolle Zeit in Puttaparthi. Zwischendurch gingen wir zu einer Strandbar, in der wir Getränke, Obst und indische Leckereien verspeisten, während wir auf das Meer schauten und dem einlullenden Rhythmus der Brandung zuhörten.
Dann wieder badeten wir im Meer und ließen uns auf dem Rücken treibend von den sanften Wellen wiegen. Dabei sangen wir in Erinnerung an die Darshans das

„OM. Shanti - Shanti - Shanti!"

Während des Chantens fühlten wir uns in Liebe und Harmonie mit allem verbunden. Wie zwei Tropfen im Ozean, die Teil des Ganzen sind und in dessen Rhythmus und Fülle schwingen. Abends setzten wir uns an den Strand und meditierten während des Sonnenuntergangs und genossen danach das herrlich delikate, indische Essen.

Und natürlich machten wir auch jede Menge Fotos. Wir legten uns unsere prächtigen Hochzeitssaris an und gingen zum Strand, um uns gegenseitig zu Fotografieren. Für die Inder war es eine willkommene Abwechslung, dass zwei blonde westliche Frauen in Saris gekleidet am Strand Fotos machten. Obwohl es auf den Bildern so menschenleer um uns herum aussah, waren wir von zahlreichen Menschen umringt, die uns interessiert zuschauten.

Doch trotz all dem Schönen war die Sehnsucht nach Silvio mein ständiger Begleiter.
In unserer Strandbar, die eigentlich nur aus einer schlichten Holzplattform und einem verblichenen Bambusdach bestand, bot sich eine herrliche Sicht auf das Meer. An einem der Stützpfeiler hing ein Bild von einem

indischen Liebespaar, das sich eng umschlungen hielt. Es war ein sehnsüchtiges Umarmen und ich betrachtete das Bild häufig während unserer Besuche. Dabei spürte ich eine übermächtige Sehnsucht nach Silvio in mir aufsteigen. Ich fühlte mich, als wenn ein Teil von mir nicht da wäre und erzählte Ela immer wieder, wie furchtbar diese Ungewissheit sei, wann und wo ich Silvio wiedersehen würde. Ela tröstete mich so gut es ging und bewies echte Freundschaft und viel Geduld mit mir.

Doch in diese Traurigkeit schlich sich immer wieder der Satz: „Weißt Du noch als wir ….“ und schon erfreuten wir uns wieder an unseren Eindrücken und Erfahrungen auf dieser außergewöhnlichen Reise.
Wir wussten, dass wir diese Reise nochmal zu Hause in aller Ruhe betrachten mussten, um ihr ganzes Ausmaß zu verstehen und den einzigartigen Erlebnissen nachzuspüren.

Der Tag des Abflugs rückte unaufhörlich und aufdringlich immer näher. Wir mussten unser geliebtes Indien schon bald verlassen und uns wieder in unsere stressigen Leben zu Hause einordnen.

Es war für uns nicht vorstellbar, wie dies gelingen sollte.

26. Zurück aus dem Paradies

Der Rückflug vom tropischen Goa ins kalte Deutschland sollte uns wohl schon auf die frostigen Temperaturen einstimmen. Denn wie sonst hätte man sich erklären können, dass Ela und ich nach kürzester Zeit im Flieger schlotterten und bibberten wie Espenlaub.

Die Gebläsedüsen über uns bliesen was das Zeug hielt und konnten wegen eines Defektes nicht zugedreht werden. Der Flieger war rappelvoll und wir konnten keine anderen Sitze ohne eiskalte Gebläsedusche bekommen.

Wir zogen uns unsere Kaschmirwollschals über die Köpfe und Schultern. Und so saßen wir eingepackt in unsere Schals im Flieger und dachten an Gul und Ahmed, bei denen wir unsere warmen Schals gekauft hatten.

Mit unseren Zähnen steppten wir wie Fred Astaire und Gene Kelly ein fröhliches Duett und versuchten die Düsen über unseren Sitzen mit Papiertaschentüchern zuzustopfen.
Als wir die Stewardess fragten, ob wir nun wie Erbsen und Möhrchen Schock gefroren werden sollten, winkte diese müde lächelnd ab und versuchte uns klarzuma-

chen, dass das ganz normal sei, um uns auf die Temperaturen zu Hause vorzubereiten. Leider hätten wir darüber hinaus eben das Pech, dass wir unter den Gebläsedüsen saßen, die sich nicht mehr zudrehen ließen.

Dumm gelaufen! Saßen wir im falschen Flieger?
Hallo, wir wollen nach Düsseldorf ins Rheinland und sind nicht auf einer Polarexpedition.

Zwei Stunden später zitterten wir immer noch und kramten schon die roten Schlafdecken vom Flieger aus, in denen wir uns, so gut es bei diesen Liliput Deckenformaten möglich war, einmummelten. Aber es zog und pfiff unaufhörlich aus allen Ritzen. Wir wussten uns nicht mehr zu helfen und fragten bei der Stewardess nach weiteren Decken. Als wir von ihr noch mit zwei weiteren roten Decken versorgt wurden, schlangen wir sie uns zusätzlich über die Kaschmirschals, um den kalten Luftzug auf unsere Köpfe und Schultern abzuwehren.

Wir waren ein Alptraum in Rot und hätten die voll verschleierte Version von Rotkäppchen als doppeltes Lottchen spielen können.

Mit lauwarmem Tee und einem warmen Essen aus der kulinarisch eingeschränkten Bordküche versuchten wir, uns aufzuwärmen.

Irgendwann schliefen wir wohl vor Erschöpfung ein und wurden erst wieder wach, als die Landeklappen und das Fahrgestell geräuschvoll ausgefahren wurden.

In Düsseldorf lief dann alles wie immer - raus aus dem Flieger in den Bus zur Ankunftshalle, Passkontrolle und warten auf unser Gepäck.

Ähnlich einem Auszug aus Ägypten versuchten wir unser Gepäck auseinander zu klamüsern, was peu à peu von dem Gebäckbandschlund ausgespuckt wurde. Aber neben den vielen Reisetaschen musste auch noch Elas Teppich auf den Kofferwagen untergebracht werden. Also begannen wir völlig erschöpft nach dem langen Flug, den riesigen Berg an Gepäck auf die beiden Trolleys zu stapeln.

Unsere Mitreisenden steuerten bereits mit ihrem leichten Gepäckstück auf den Ausgang zu. Doch bis wir alles zusammen hatten, verstrich eine gefühlte Ewigkeit. Irgendwie waren die Trolleys viel kleiner als in Indien.
Als wir endlich alles aufgeladen hatten, bewegten sich auch unsere Hochgebirgstrolleys einsam Richtung Ausgang - dahinter Ela und ich, die „Berge versetzen".

Bis kurz vor der Zollkontrolle!

Wir waren ziemlich blauäugig gewesen, denn auf einmal wurde uns klar, dass wir mit einhundert Kilo Übergepäck von Indien nach Deutschland aufgebrochen waren.
Bei unserem Abflug von Goa wurde dies zwar von den Indern amüsiert belächelt, aber nicht beanstandet.
In Deutschland würden wir sicher nicht so ungeschoren davonkommen.

Doch irgendwann gibt es kein Zurück mehr und es gilt die Parole: „Augen zu und durch!"

Was in Puttaparthi unter den gestrengen Blicken der Ordnerinnen funktioniert hatte, musste auch beim deutschen Zoll funktionieren. Da war ich mir ganz sicher und so sagte ich zu Ela: „Wir gehen da einfach locker und freundlich durch, als wenn das alles ganz normal ist."

Der Satz hing noch in der Luft, als uns eine männliche Stimme mit rheinischen Dialekt, aber ohne Frohnatur, von der Seite zurief: „Was ham Se denn da alles?"

Ich versuchte so unschuldig und gut gelaunt wie möglich zu klingen, als ich dem Beamten zurief: „Och, nur Klamotten und Mädelskram."

Während wir ihn passierten, lächelten wir ihm freundlich zu. Der Beamte schaute uns an, als wenn wir nicht ganz bei Trost wären und war wie vom Donner gerührt. So ganz falsch lag er da wohl nicht.

Ohne auffallende Hektik, aber dennoch zügig, schoben wir in Richtung Ausgang ab.

Endlich tat sich die Tür Richtung Ankunftshalle auf und wir lugten sichtlich erleichtert neben den Bergen hervor. Nun mussten wir nur noch die Absperrungen ohne größere Kollisionen umschiffen.

Ein einsames männliches Duo mit Blumensträußen in den Händen stand am Ende des Ausgangs und blickte etwas irritiert auf uns blonde Mädels, die wohl ganz Indien aufgekauft hatten. Unsere guten Freunde, die beide Peter hießen, hatten sich unabhängig voneinander dort eingefunden, um uns abzuholen und nach Hause zu fahren.

Über die lange Wartezeit kamen sie als einzig noch Wartende ins Gespräch und stellten überrascht fest, dass sie auf dieselben Freundinnen warteten.

Sie sahen uns nun, mit übervollen Gepäckwagen, auf sich zu rollen. Als wir uns alle herzlich begrüßt und einander vorgestellt hatten, hieß es für Ela und mich, dass wir uns nach den intensiven Wochen miteinander nun schweren Herzens voneinander verabschieden mussten. Unsere Reise war hier zu Ende.

Der Abschied fiel uns sichtlich schwer nach der gemeinsamen Zeit in Indien.

Und so lagen wir uns lange in den Armen, ehe wir uns herzlich voneinander trennten und uns zuflüsterten:

„Sai Ram!"

Epilog

Manchmal werde ich gefragt. „Wie findest Du Indien?"

Dann antworte ich mit dem immer gleichen Satz:
„Indien ist schrecklich schön und schön schrecklich!"

Indien ist für mich ein einziges Paradoxon:

Wohlhabende, reiche Inder leben neben bitterarmen Menschen, die um ihre tägliche Existenz hart kämpfen müssen und manchmal nur die zerlumpten Stofffetzen besitzen, die sie am Leib tragen.

Unglaubliche Massen an Menschen, die sich alltäglich inmitten des irrwitzigen, stinkenden, hupenden Verkehrs bewegen und an der nächsten Ecke die greifbare, spürbare Stille einer spirituellen Gemeinschaft in Meditation.

Fein zubereitete Speisen mit exotischen Paradiesfrüchten im Überfluss für die Wohlhabenden und auf der Straße ein Bettler, der mit abgemagertem, ausgestrecktem Arm, um eine Handvoll Reis zum Überleben bettelt.

Wohlriechende, üppig blühende Gärten neben verdreckten und stinkenden Kloaken.

Fortschritt und Know-how neben uralten Traditionen, Zwängen und Analphabetismus.

Und trotz alledem zieht es mich immer wieder nach Indien:

Indien ist die geschmückte Braut, die ihre sinnliche Schönheit im göttlichen Spiel (Lila) zur Schau stellt. Voller Energie gibt sie sich laut und lüstern dem Leben hin und lockt durch alle Sinne. Sie wirbelt im Tanz mit tausenden Schleiern der Illusion (Maya), um von ihrer verborgenen Seele, der göttlichen Mutter, abzulenken.

Die göttliche Mutter hat das immer gültige Jahrtausende alte Wissen des Lebens „erlebt" und bewahrt es in tief ihrem Herzen voller Hingabe auf. Sie lebt in der kosmischen Einheit und nährt ihre Kinder mit Weisheit.

Sie lädt Dich ein, diesen Schatz der ewigen Wahrheit mit ihr zu teilen, damit Du Dein wahres Selbst entdeckst. In der Stille des Geistes kannst Du sie durch die Schleier erkennen. Sie flüstert Dir leise zu:

„Wer bist du?"

In Puttaparthi war ich selig im Glück.

Nie mehr wieder habe ich mich für so eine lange Zeit in diesem wohligen Glücksgefühl, in dieser bedingungslosen Liebe und überschäumenden Freude aufgehoben gefunden - in diesem Gefühl, angekommen und zu Hause zu sein.

Das machte es mir so unendlich schwer, diesen Ort des höchsten Friedens - der auch mir Frieden geschenkt hatte - zu verlassen.

Denn was sollte danach noch kommen?
Was konnte noch schöner und erfüllender sein?

Es war und ist eine herausragende Zeit und Inspiration für mein Leben:
einzigartig und besonders von allem bisher Dagewesenem.

Kurz nach Puttaparthi hatte ich ein kurzes Aufflackern dieser Glückseligkeit. Ich war zu Fuß auf dem Weg zu meiner Arbeitsstelle unterwegs. Die Straßen waren noch nahezu menschenleer. Eine frische Frühlingskühle lag in der Luft und ich ging zügig zum Büro.
Plötzlich erinnerte ich mich wieder an meine Zeit in Puttaparthi.

Auf einmal wurde ich von einer wohligen und überschäumenden Glückseligkeit erfasst. Ich hatte mehr und
mehr das Gefühl, das sich mein Selbst ausdehnte, so
dass ich keine Begrenzungen mehr hatte.
Ich war mit der ganzen Welt bis in die Weiten des Kosmos verschmolzen. Es gab kein Anfang und kein Ende
mehr von meinem Selbst. Es war wie ein Bad in Glückseligkeit, Liebe und Geborgenheit.
Ich war Eins mit allem.

Sehr viel später habe ich diese beeindruckende Erfahrung in dem Gedicht „EINS SEIN" niedergeschrieben.

EINS SEIN

Alles ist ohne Raum und Zeit
Raumlos ist, was keinen begrenzten Körper hat
Zeitlos ist, was keine Vergangenheit und Zukunft hat und
im Jetzt ist
Alles ist SEIN

Alles hat denselben Ursprung
Dieser ist vollkommen, allgegenwärtig und absolut
Diese absolute Vollkommenheit ist Brahman - ist Gott
Alles ist GOTT

Alles was in der Schöpfung ist, ist auch in dessen kleins-
tem Teil enthalten
Somit ist die Schöpfung unteilbar und miteinander ver-
bunden
Sie hat denselben göttlichen Ursprung
Alles ist EINS

Alles was ist, ist göttliches Sein und göttliche Einheit
Gott ist und ich bin
Ich bin mit allem eins

SEIN ist EINS SEIN MIT GOTT

Diese Reise war und ist ein einzigartiges Geschenk und eine Inspiration für mein Leben.

Manchmal sage ich zu Ela:
„Was soll uns denn passieren?
Wir waren in Puttaparthi!"

Danke!

„Was ist Glückseligkeit anderes als dein eigenes Sein?
Du bist nie vom Sein getrennt,
das dasselbe wie Glückseligkeit ist.

Sei das Selbst,
das ist Glückseligkeit.

Wenn du in deinem Herzen verwirklichst,
was deine wahre Natur ist,
wirst du unendliche Wahrheit und Glückseligkeit finden,
ohne Anfang und Ende."

Ramana Maharshi - Sei, was du bist!